A inocência do amor verdadeiro

FICHA CATALOGRÁFICA

(Preparada na Editora)

Frungilo Júnior, Wilson, 1949-

F963p   PALÔ / Wilson Frungilo Júnior. Araras, SP, IDE, 1ª edição, 2012.

320 p.

ISBN 978-85-7341-573-5
1. Romance 2. Espiritismo. I. Título.

CDD-869.935
-133.9

Índices para catálogo sistemático:

1. Romance: Século 21: Literatura brasileira 869.935
2. Espiritismo 133.9

PALÔ
978-85-7341-573-5
1ª edição - junho/2012
1ª reimpressão - agosto/2012
10.000 exemplares
(10.001 ao 20.000)

© 2012, Instituto de Difusão Espírita

internet:
http://www.ideeditora.com.br
e-mail: comentarios@ideeditora.com.br

Capa:
César França de Oliveira

Todos os direitos estão reservados.
Nenhuma parte desta obra pode ser reproduzida ou
transmitida por qualquer forma e/ou quaisquer meios
(eletrônico ou mecânico, incluindo fotocópia e gravação) ou
arquivada em qualquer sistema ou banco de dados
sem permissão, por escrito, da Editora.

INSTITUTO DE DIFUSÃO ESPÍRITA

Av. Otto Barreto, 1067 - Cx. Postal 110
CEP 13602-970 - Araras/SP - Brasil
Fone (19) 3543-2400
CNPJ 44.220.101/0001-43
Inscrição Estadual 182.010.405.118

www.ideeditora.com.br

IDE Editora é apenas um nome fantasia utilizado pelo INSTITUTO DE DIFUSÃO ESPÍRITA, entidade sem fins lucrativos, que promove extenso programa de assistência social, o qual detém os direitos autorais desta obra.

SUMÁRIO

1. O baile de formatura, 6
2. Como tudo começou, 20
3. O passeio, 30
4. A viagem de Palô, 40
5. O velório, 46
6. Dona Sônia, 56
7. Em casa de Arlete, 72
8. A febre, 80
9. No Centro Espírita, 88
10. A preocupação, 104
11. O retorno de Palô, 118
12. Aprendendo a falar, 130
13. O inesperado, 140
14. Creptus, 152
15. A escola, 160
16. O já esperado, 172
17. Palô, médium, 184
18. E o tempo passa..., 200
19. A benzedura, 210
20. Depois da formatura, 228
21. O vestibular, 236
22. Durante o sono, 246
23. Revelação do Espírito Orlando, 256

Segunda Parte

24. Um estranho na cidade, 270
25. Bráulio e Anita, 278
26. A quermesse, 292
27. Final, 312

ANO 1964
1. O BAILE DE FORMATURA

OS OLHARES DOS presentes no salão de festas do único clube da cidade, naquela noite de grandes emoções, se cruzam. Uns, demonstrando certa estupefação caridosa e até compreensiva, e outros, não transparecendo nenhuma dúvida sobre o que está ocorrendo, apesar de que, dentre alguns, há um sorriso, próprio de quem se compraz e se diverte com os inusitados acontecimentos ou dificuldades alheias.

Naquela noite, pais, parentes e amigos ali se encontram para o baile de formatura da 17ª turma de formandos dos cursos secundários. E a satisfação desses pais é enorme, por verem seus filhos, na faixa dos dezessete anos, completarem mais uma etapa de seus estudos e, alguns, prontos para tentar o ingresso numa Universidade.

São exatamente trinta e oito formandos, moças e rapazes, entrando pomposamente em fila, de braços dados com seus respectivos padrinhos ou madrinhas, na grande maioria, pais e mães. Alguns poucos, mais ousados para a época, com o namorado ou a namorada.

Mas os olhares, curiosos, se convergem para Arlete, uma das formandas que acaba de aparecer no alto da escadaria, acompanhada por Palô, um rapaz que, visivelmente tímido, faz o possível para aparentar calma, e seu sorriso, não que fosse forçado, demonstra um certo nervosismo.

Nesse momento, a moça, notando sua dificuldade, desenlaça seu braço do dele e dá-lhe a mão, apertando-a com força, como a lhe oferecer confiança.

Instantaneamente, o rapaz se acalma, continuando os dois a caminhar pelo salão, seguindo a fila, mas, agora, de mãos dadas.

Apesar da ordem alfabética seguida na disposição de entrada dos formandos, eles apareceram por último, já que Arlete tudo fizera para que chegassem na última hora, a fim de não causarem nenhum tipo de constrangimento nos preparativos, junto aos demais da turma. Ela sabia que não haveria nenhum problema quanto às colegas da classe, mas não tinha certeza quanto a alguns dos rapazes, com suas brincadeiras de visível mau gosto.

E assim que o jovem casal se posta no grande círculo formado no centro do salão, o doutor Sávio, pai de Arlete, aproxima-se de Mércia, sua esposa, já ansiosa.

– Onde você estava, Sávio? Disse que viria logo.

E o homem, cochichando, lhe responde:

– Eu estava a uma quadra daqui, propositalmente, e somente entrei agora, pois não queria que os outros pais e convidados me vissem com você, para que não iniciassem comentários sobre quem iria entrar com nossa filha.

– Entendo. Mas veja: o mestre de cerimônias já está se aproximando para dar início ao baile.

– Os formandos irão dançar primeiro, não? – pergunta o doutor Sávio.

– Sim.

– Mas... e Palô? Conseguirá dançar...?

– Não sei, Sávio. Parece-me que andaram

ensaiando alguns passos na casa de dona Maria José.

✳

— Iremos dançar, agora? – pergunta o moço, preocupado.

— Vamos, sim, Palô. Mas não se preocupe. Eu o conduzo, como ensaiamos.

— Estou com medo, Arlete...

— Medo de quê?

— Medo de errar os passos. Você sabe que me atrapalho... Que não consigo aprender as coisas...

Arlete, novamente, aperta a mão do rapaz, para tranquilizá-lo e lhe diz, sorrindo:

— E se isso acontecer? Todos que nos olham já sabem que teremos dificuldades. E daí?

— Não quero que sinta vergonha.

— Nunca vou sentir vergonha de você.

✳

— Senhoras e senhores, em nome da direção da escola, dos professores e dos formandos desta noite, agradeço a presença de todos. Neste momento, iremos dar início ao baile de formatura da 17ª turma, neste ano de 1964. E ao som da conhecida orquestra, nossos queridos formandos irão dançar a valsa, escolhida para esta noite. Em seguida, na próxima música, todos os que desejarem poderão unir-se a eles neste tão aguardado baile do ano.

E, após breve intervalo, o mestre de cerimônias, ordena:

– Música, maestro!

E todos iniciam, então, os lentos e cadenciados passos, ao som dos acordes que tomam conta do ambiente, emocionando a todos.

Realmente, Palô começa a se atrapalhar com os passos e Arlete lhe pede para que não pense mais nos pés e que apenas procure segui-la, ao mesmo tempo em que vai fazendo com que se dirijam para o centro do salão, a fim de permanecerem fora das vistas dos pais e convidados que se encontram nas mesas, dispostas em círculo, ao redor da pista. Espera, assim, que os outros pares os escondam.

Mas os olhares dos presentes não conseguem deixar de tentar ver o casal, dedicando menos atenção aos próprios filhos ou àqueles que são a razão de ali se encontrarem.

E os demais formandos, mesmo dançando, procuram, a todo instante, verificar o desempenho de Palô e Arlete que, se não conseguem dançar à altura de tão importante evento, não o fazem muito pior que os demais que, de tão preocupados em fixar a atenção nos dois, acabam, eles mesmos, se atrapalhando com os passos.

– Estamos conseguindo? – pergunta Palô.

– Estamos nos saindo tão bem quanto os outros – responde a moça, sorrindo e se divertindo. – Fique tranquilo, pois a música já vai terminar.

– Vamos dançar outra?

– Não. A não ser que você queira.

– Acho que não.

E Arlete lhe sorri, divertida.

*

Mas nem todas as pessoas conhecem o motivo de tanto interesse, por parte dos presentes, com referência ao casal. E uma delas é Ivone, tia de uma das formandas, que, convidada por ela, ali se encontra presente, acompanhando a irmã Helena e o cunhado Rodrigues, pais da moça. Ivone vive em cidade distante e desconhece as pessoas daquele local.

De qualquer forma, não lhe passa despercebido o fato de que um casal está conseguindo atrair para si quase todo o foco da atenção.

– Helena – pergunta, então, à irmã –, quem são aqueles dois, dançando ali, bem à frente da orquestra?

– A de vestido rosa, com flores brancas?

– Sim.

– É Arlete, filha de Mércia e Sávio, um advogado muito bem sucedido, aqui da cidade. Por que pergunta?

– Apenas por curiosidade, pois me parece que todos se encontram preocupados em vê-los.

– Ah, deu para perceber? – pergunta Helena.

– Desde o momento em que entraram no salão.

– Você tem razão. É que ficamos surpresos com o fato de Arlete entrar com Palô, como padrinho, quer dizer, nem seria uma surpresa, mas... sei lá...

– E por quê? Pelo que estou notando, algumas outras poucas moças entraram com jovens rapazes.

– O normal é entrarem com os pais, às vezes, com o namorado e, nesse caso, quando os pais são um pouco mais liberais nesse sentido, tendo em vista que, com dezessete anos de idade, tudo não passa ainda de um simples namorico, sem muitas perspectivas, não é?

– É... Você tem razão. Nem trabalham ainda... E Sônia? Ainda não tem um namoradinho?

– Nem pensar. Rodrigues é bastante rígido nessa parte.

– Mas, de qualquer maneira, por que todo esse interesse em Arlete e... como você disse mesmo? Palô?

– Sim, esse é o seu apelido.

– Deve se chamar Paulo.

– Pode ser. Eu não sei.

– Mas você ainda não respondeu à minha pergunta.

– É uma história longa, Ivone. Esse moço tem uma deficiência mental, mas dizem que Arlete é apaixonada por ele.

– O rapaz me parece uma pessoa normal, pelo menos na aparência...

Nesse momento, Rodrigues, que está ouvindo a conversa, toma a palavra, respondendo-lhe:

– Na verdade, Ivone, o rapaz... Como vou lhe explicar...? Ele... digamos... possui certa lentidão no raciocínio. Tem dificuldades em aprender, sabe?

– Como assim?

– Para você ter uma ideia, ele não conseguiu nem frequentar o primário.

– Meu Deus! Ele não sabe ler, nem escrever?

– Acabou por aprender, mas com muito esforço, como uma criança.

– Ele até consegue alguma coisa – completa Helena –, mas com muita lentidão, como disse Rodrigues.

– Por sorte, com o tempo, começou a caminhar normalmente, porque até, talvez, os dez anos de idade, caminhava com dificuldade, com as pernas arqueadas para fora.

– Pobre rapaz... E pobre Arlete... Mas ela está, mesmo, apaixonada por ele? E os pais dela?

Nesse instante, a música termina e todos se levantam para aplaudir.

✳

Mércia e Sávio se encontram muito emocionados e, ainda em pé, aguardam que a filha e o seu padrinho venham para a mesa, a fim de que possam abraçá-los e cumprimentá-los.

– E não é que dançaram? – comenta Sávio, alegre agora, pois estivera muito preocupado com a filha, principalmente pelo fato de não acreditar que Palô conseguisse dar conta dos passos da dança.

– Dona Maria José deve tê-los ensinado bem.

Nesse momento, são interrompidos pela chegada de Aurora e Gilberto, um casal amigo, que havia sido convidado por uma outra família e que os cumprimenta efusivamente.

– Sabe, Mércia, estou muito contente por sua filha e, também, por Palô.

– Obrigada, Aurora.

– Tenho um carinho muito grande por esse rapaz.

– Você o conhece bem?

– Não só o conheço, como posso dizer que ele ajudou muito meu marido. Não é, Gilberto?

– Ele mudou a minha vida, Mércia.

– Como assim? – pergunta Sávio.

– Isso aconteceu há uns oito meses, quando da morte de meu irmão e sócio.

– Eu me lembro.

– Pois é. Eu entrei numa tristeza muito profunda e quase não tinha mais vontade de trabalhar na oficina. Sentia muita falta de meu irmão, sabe?

– Imagino, mas como Palô ajudou você?

– Um belo dia, eu estava tentando trabalhar quando, de repente, ergo os olhos da bancada e vejo esse rapaz, o Palô, à minha frente e olhando para mim. Até me assustei com a sua presença tão repentina, porque não tinha notado que ele entrara na oficina.

– E...? – pergunta Mércia, curiosa.

– Eu lhe perguntei se estava precisando de

alguma coisa e ele, simplesmente, me perguntou se eu ainda estava muito triste pela morte de meu irmão.

— E você...?

— Eu lhe respondi que sim, estranhando o fato de ele, com sua deficiência, me fazer essa pergunta, parecendo preocupado com isso.

— E ele? – pergunta Sávio.

— Olhou-me fixamente nos olhos e me disse uma frase de que não me esqueço até hoje. Uma frase, na verdade, um conselho, que me tocou profundamente o coração e que foi o que me ajudou a superar a minha tristeza, devolvendo-me a vontade de trabalhar ainda mais e viver tranquilamente.

— E o que foi que ele lhe disse?

— Disse-me que a vida não termina com a morte e que o meu irmão ainda estava vivo, em Espírito. E que se eu quisesse acabar com a minha tristeza, deveria procurar auxiliar minha cunhada e meu sobrinho, em nome do Alcides, meu irmão, vocês sabem.

— Sim...

— E que para isso, eu teria que trabalhar mais,

mas que não me preocupasse com isso, porque o trabalho em benefício do próximo somente nos faz bem ao coração.

— E o que mais?

Gilberto, então, com lágrimas nos olhos, responde:

— Palô não falou mais nada. Depois de ter dito isso, sorriu e, virando as costas, foi embora.

— E...

— Vejam — interrompe Aurora —, Arlete e Palô estão vindo para cá. Vamos cumprimentá-los.

ANO 1953

2. Como tudo começou

– Posso ir brincar com Palô, mamãe? – pergunta Arlete, uma linda menina de seis anos de idade. – Ele está no quintal e a mamãe dele me convidou.

Mércia, mãe da menina, fica um pouco apreensiva, mas não pode deixar de atender ao pedido da filha. Afinal de contas, pensa, o que poderá acontecer de mal? O menino, da mesma idade de Arlete, é muito calmo, apesar de seu visível atraso mental, somente percebido quando contava com três anos de idade. Além do mais, Palô, como era conhecido o menino Paulo, algumas vezes fora brincar em sua casa e pareceria algum tipo de preconceito não permitir que a filha fosse até lá. Principalmente pelo fato de eles serem abastados e os pais do menino, muito pobres.

– Dona Maria José convidou você, filha?

– Convidou, mamãe. Falou comigo pelo muro.

– Está bem, Arlete, mas vou buscá-la antes de seu pai chegar do trabalho.

– Está bem, mamãe.

– Antes, porém, vou falar com dona Maria José.

– A senhora vem comigo?

– Vamos até lá.

E mãe e filha saem pelo portão principal da bela casa em que moram, entrando, logo em seguida, por um portãozinho de madeira, já bastante remendado, da casa vizinha, uma moradia muito simples e pequena, inclusive, de propriedade do Dr. Sávio, marido de Mércia, e alugada para Maria José e seu marido Orlando.

– Dona Maria José! Podemos entrar?

– Entre, dona Mércia – grita a mulher, vindo ao encontro das duas.

– Arlete quer brincar um pouco com Palô.

– Palô está no quintal, Arlete.

A menina, então, dispara pelo estreito corredor lateral da casa. O menino encontra-se sentado no chão de terra, roupa muito pobre, calçando chinelinhos já bastante gastos. Orlando, seu pai, trabalha na limpeza pública da cidade, varrendo praças e jardins e Maria José, por sua vez, lava e passa roupas para as famílias mais abastadas da cidade, inclusive para dona Mércia, a fim de ajudar nas despesas da casa.

– Palô! – grita Arlete, com grande entusiasmo – Com o quê você está brincando?

– *Lé!* – exclama o garotinho. – *Tô icando ca tela* (Estou brincando com a terra).

– Posso brincar também?

– *Bai suzá vetido* (Vai sujar o vestido).

A menina olha para a mãe, que acabara de chegar no quintal, juntamente com Maria José.

– Pode brincar, Arlete.

E a menina está para sentar-se, quando o garoto a impede.

– *Nã, Lé! Bai setá migo Palô* (Não, Arlete! Vai sentar no amigo de Palô).

E a menina salta para o lado, sentando-se mais à esquerda.

– O que ele disse, filha? – pergunta sua mãe, que presenciara a cena, mas não entendera o que Palô dissera. E a menina, que já se acostumara com a linguagem dele, lhe responde:

– Palô disse que eu ia me sentar no seu amigo.

– Amigo? – pergunta.

Mas é Maria José quem lhe explica:

– Palô brinca muito tempo sozinho, e a senhora sabe como são as crianças, sempre criando amiguinhos para lhes fazer companhia. Pelo menos foi o que me disse a doutora Rute, lá do Posto de Saúde, quando lhe contei. Disse-me ela para que eu não me preocupasse com isso. E foi essa médica quem diagnosticou um pequeno atraso no seu raciocínio.

– E como é esse seu amigo, hoje? – pergunta a menina.

– O *lagatiça* (É o lagartixa).

– Lagartixa?!

– *Mai gandi* (Mais grande).

– Muito grande?!

– *Docê tamam* (Do seu tamanho).

– Do meu tamanho?!

O menino responde afirmativamente com a cabeça.

– E ele fala?

– Hum, hum! – afirma, novamente, Palô.

– E o que ele está falando?

– *Tá falã binca bocê nã* (Está falando para não brincar com você).

– Por quê?

– *Tá falã nã amiga* (Está falando que não é amiga).

– Eu sou sua amiga... – choraminga Arlete.

– *Bocê amiga e góto mai bocê* (Você é amiga e gosto mais de você).

– Isso mesmo. Ele mentiu.

– *Bocê bentiu* (Você mentiu) – diz o menino, olhando para o local onde estaria o seu amigo.

– E o que ele está dizendo?

– *Que bai bóra* (Que vai embora) – responde o garoto, com certa tristeza, enquanto a menina olha para ele, fazendo biquinho com a boca, como quem vai chorar – *Bai bora, tão* (Vai embora, então) – resolve o menino, continuando a olhar para o pretenso amigo.

– O que foi, Palô? – pergunta Maria José ao filho, ao ouvir essa sua última frase. – Está mandando a Arlete, embora?

– *Nã, mamã. O lagatiça* (Não, mamãe. O lagartixa).

– O amiguinho dele – explica Arlete.

– Lagartixa? – pergunta Mércia, divertindo-se.

– Como lhe disse, coisa de criança.

– Certamente, dona Maria José, mas diga-me uma coisa: o Palô não está melhorando nem um pouco?

– Não sei lhe dizer, dona Mércia. Às vezes, parece que raciocina melhor, mas, logo em seguida, parece estar de novo atrapalhado. Tem momentos em que ele entende tudo o que lhe falamos, parece até uma criança normal. Passados alguns minutos, parece não se lembrar de mais nada. E há algo que me preocupa, também. Acabei de dizer à senhora que esses "amiguinhos" de Palô são coisas de criança, mas, às vezes, parecem lhe dar ordens.

– Como assim?

– Imagine a senhora: dia destes, eu cheguei na cozinha e Palô estava em pé ao lado da mesa, de onde havia pego uma jarra de vidro, e falava para um desses seus "amigos": " *Eu não vou jogar no chão. É da minha mamãe.*"

– Meu Deus!

– E, ainda, falou, de maneira bem firme, e vou lhe dizer como entendi: "*Não vou jogar! Se não quiser mais brincar comigo, pode ir embora.*" E colocou a jarra de volta na mesa.

– E daí?

– Daí que eu fiquei assustada quando, então, ele falou para o "amigo": "*Você não vai fazer mal para mim e nem para ninguém! Você não pode fazer nada porque não consegue tocar em nada e nem em ninguém!*

– Que estranho, dona Maria José...

– Mas a senhora não precisa ter receio de ele brincar com sua filha, não. Ele gosta muito de Arlete e nunca irá fazer nada contra ela. Pode ficar descansada. Além do mais, estarei sempre de olho quando ela vier aqui.

E percebendo que Mércia havia ficado preocupada, completou:

– Sabe, dona Mércia, o Palô tem esse problema no raciocínio, mas é um menino muito bom. É carinhoso e, pode acreditar: com apenas seis anos, já enxuga uma boa parte da louça, depois que eu lavo, além de varrer a casa também. E é ele quem faz questão. Pode ficar tranquila. Ele é só bondade.

Mesmo assim, Mércia continua preocupada. O menino tem a mesma idade de sua filha, mas continua com a linguagem de uma criança de dois ou três anos, ou seja, não consegue pronunciar as palavras corretamente. Ela tem muita pena dele e de dona Maria José, até porque, Palô tem um problema nas pernas, que são arqueadas para fora, motivo pelo qual caminha meio destrambelhado, mancando dos dois lados, o que o faz balançar o corpo para andar.

– Pobre menino – pensa, condoída.

3. O passeio

NAQUELA NOITE, Mércia conversa com Sávio, seu marido, a respeito do que havia acontecido e do que conversara com Maria José. De qualquer maneira, não fizera como combinara com a filha e lá ficara com ela até a hora de voltarem para casa.

— Sabe, Mércia — diz o marido, conceituado advogado em grandes causas empresariais, que passava boa parte do tempo na capital, a trabalho –, penso haver um certo perigo nesse menino. Afinal de contas, pelo que me contou, além de sua deficiência mental, deve viver em constantes alucinações. E não creio que sejam apenas fruto de fantasias da infância, mas de visões alucinatórias. Por isso, acho de bom alvitre não permitir que Arlete brinque mais com ele. Afinal de contas, não sabemos se dona Maria José ficará, realmente, tomando conta deles. Tenho medo de que, num momento de descuido...

— Também penso assim, Sávio, mas é que

Arlete gosta tanto do menino... Você não pode imaginar...

– Temos que preservar a integridade física de nossa filha, Mércia. Imagine você se um desses "amigos" lhe ordenar que ele a maltrate. E esses "amigos" estão dentro de sua mente. Sabe-se lá.

– Se eles só brincarem aqui...

O homem pensa por alguns momentos e pergunta:

– E se você se distrair? Digo, sair de perto deles. E isso vai ocorrer sempre que baterem à porta ou se você precisar fazer algo de urgente em outro cômodo da casa. Não gostaria que, se algo ocorresse, você viesse a se sentir culpada.

Sávio era um homem muito educado e, como bom advogado, sabia dizer as palavras que, de maneira bastante sutil, eram muito convincentes. Quando disse que não gostaria que Mércia se sentisse culpada, ela, prontamente, entendeu o que estava implícito naquela frase: que se algo ocorresse, a culpa seria dela.

– E o que vamos dizer à Arlete?

– Não sei, Mércia, mas penso que você encontrará uma maneira.

Também era assim que Sávio resolvia os assuntos. Naquela noite, Mércia não consegue conciliar o sono e, no dia seguinte, como o marido iria ficar em casa, inventa um passeio em uma cidade vizinha.

– O Palô pode ir com a gente? – pergunta a menina, entusiasmada.

– Não, Arlete – responde o pai. – Infelizmente, não podemos levá-lo e ele, também, não poderá mais brincar com você.

– Não vai poder mais brincar comigo? – pergunta a garotinha, com significativo olhar de angústia. – Por quê?

E Mércia é rápida:

– Porque ele está com sarampo – mente, na única justificativa que lhe surge no momento.

– Sarampo? O que é isso?

– É uma doença que deixa a criança com pintinhas vermelhas por todo o corpo e, se uma criança que tiver sarampo chegar perto da outra, ela também ficará com pintinhas.

– Igual à da filha da dona Maria, lá da padaria?

– Isso mesmo, Arlete – respondeu Mércia,

aliviada pela filha ter entendido. – Você quer ficar toda pintadinha?

– Não, mamãe, mas isso dói? Coitadinho do Palô.

– Doer não dói, mas...

– E por quanto tempo ele vai ficar com sarampo?

– Por uns dias, filha. Por uns dias – responde o pai, achando uma boa desculpa da esposa, pois, talvez, depois de algum tempo, a menina esqueça o garoto ou, pelo menos, lhes dê um tempo para encontrar uma desculpa melhor.

– E vão demorar muito, esses dias?

– Só um pouquinho – responde a mãe, com um aperto no coração por ter enganado a filha e, também, pelo menino – Agora, vá apanhar o seu casaquinho, pois vamos viajar.

– Está bem, mamãe.

Assim que a menina sai da sala, Sávio diz à esposa:

– Muito inteligente, Mércia. Isso nos dará um tempo para pensarmos.

– Sabe o que me preocupa?

– Sim...?

– Fico com muita pena de dona Maria José. Com certeza, vai perceber que, depois da conversa que tivemos em sua casa, não mais chamei o menino para vir brincar com Arlete que, por sua vez, poderá falar alguma coisa a respeito do sarampo e ela ficar sabendo que mentimos.

– Fique tranquila, pois ela vai compreender, e ainda bem que o menino só vinha aqui quando você o chamava.

– Eu o chamava quase todos os dias.

– E o que podemos fazer? Tenho certeza de que estamos fazendo o melhor e o mais razoável. Vamos, então?

Nesse momento, a menina retorna à sala, bastante animada com o passeio, e mais contente fica quando Sávio anuncia que irão até o zoológico de uma cidade próxima.

*

– Olhe, mamãe, o elefante! Vamos até lá?! Vamos?!

– Vamos, filha, mas veja aqui ao lado: os chimpanzés.

– Que lindinhos! Pena que Palô não esteja aqui com a gente.

Mércia e Sávio olham-se e, sem que a menina ouça, o advogado diz à esposa:

– Já deve ser a décima vez que ela fala nele.

A mulher concorda com um meneio afirmativo da cabeça.

– Palô ia gostar tanto! Acho que ele nunca foi a um zoológico...

E o pai, com o intuito de distrair a filha, chama sua atenção para outra jaula.

– Veja, Arlete.

A menina olha e se afasta, assustada.

– O que foi, filha? Ficou com medo? – pergunta, divertindo-se.

E a menina permanece estática diante do lagarto que parece fitá-la.

– Não gosto desse bicho, papai.

– Mas ele não faz mal a ninguém, filha.

– Pode ser, mas não gosto.

– Venha, Arlete – chama a mãe, a fim de retirá-la dali.

E o inofensivo réptil se afasta em direção ao alimento que um dos tratadores começa a servir.

– Palô tem um amigo que é assim, uma lagartixa grande e, pelo que ele fala, é bem maior que esse. E esse amigo dele mentiu dizendo que eu não era amiga dele, mas Palô mandou ele ir embora.

– Ele imaginou, filha. Ele pensa que vê esse amigo.

– Não é, não, mamãe. Ele vê, sim. E não é só desse tipo, não. Vê outros bichos feios.

– Outros bichos?

– Ele me contou. Tem uns que andam em pé como gente e falam, também. Mas, também, tem um homem que fala com ele.

– Um homem? – pergunta o pai.

– Mas é um homem bom.

– E o que esse homem fala?

– Diz para ele ser bom com todas as pessoas, que não deve ter medo de nada, nem desses bichos, e que não deve obedecê-los se for para fazer alguma coisa errada que possa machucar alguém.

– E Palô falou como era esse homem?

– Ele só me disse que é um homem com roupa branca.

Nesse momento, Sávio tenta chamar a atenção da menina para lindos pássaros num viveiro, mas ela começa a choramingar.

– O que foi, filha? Por que está chorando?

– Estou com saudade do Palô. E com muita pena dele por causa do... como é o nome, mesmo, dessas pintinhas vermelhas?

– Sarampo.

– Isso. Coitadinho.

– Vamos tomar um sorvete, Arlete? – convida a mãe.

– Ele é muito pobre, não?

– Quem?

– O Palô.

– Sim, filha, ele é pobre.

– Por que, mamãe? Nós não somos pobres.

– Como você sabe?

– Porque nós temos uma casa bonita, papai tem um carro e o pai dele não tem. E ele disse que nunca comeu pudim de leite. Ele não come todos os doces que eu como. E dona Maria José nunca fez uma festa de aniversário para ele. E ele nunca foi a uma festa de aniversário de outras crianças. Só na nossa casa, porque a senhora convidou.

Mércia olha para o marido, sem saber o que dizer, e a menina dispara a mais crucial das perguntas:

— Por que existe gente rica e gente pobre?

— Qualquer hora a gente conversa sobre isso, filha. Vamos continuar a ver os animais.

— Sabe, mamãe, até perdi a vontade, pensando nisso. Palô é pobre, mãe...

— Um dia ele vai trabalhar e pode vir a ser rico, filha – diz o pai, sem muita convicção.

— Ano que vem vou para a escola. O Palô também vai?

— Vai, sim – responde dona Mércia, somente agora se lembrando de que o menino, talvez, não tenha condição mental para aprender.

— Eu e Palô podemos ir juntos, não é, mamãe?

— Vamos ver, filha. Vamos ver.

4. A viagem de Palô

NO DIA SEGUINTE, Mércia e Sávio estão sentados à mesa, tomando o desjejum, enquanto Arlete ainda dorme.

— Sabe, Sávio, não sei como fazer para resolver essa situação. Ainda estou muito preocupada se dona Maria José ou o seu Orlando ficarem sabendo que mentimos para Arlete, dizendo que o menino está com sarampo.

— Você tem razão...

— E essa mentira foi a única coisa que me surgiu à mente, naquela hora...

Nesse momento, chega Lúcia, a empregada doméstica.

— Bom dia, dona Mércia. Bom dia, Dr.Sávio.

— Bom dia – respondem.

— Alguma novidade, Lúcia? – pergunta Mércia, brincando com ela, como faz quase todos os dias, tendo em vista que, quase sempre, a moça tem algum acontecimento novo para relatar, principalmente pelo que ouve, já de manhã, através da rádio local. E, como sempre, a resposta se inicia da mesma maneira:

— Meu Deus, dona Mércia, até parece que sou uma fofoqueira. É a senhora quem sempre me pergunta...

O casal ri da moça.

— E não tem nenhuma notícia nova? — pergunta, agora, Sávio, divertindo-se.

— Tenho, sim — responde, fazendo pose de quem sabe de tudo o que acontece na cidade.

— E qual é?

— É sobre a mãe de dona Maria José.

— A mãe de dona Maria José?

— Ela faleceu esta noite.

— A mãe da Maria José faleceu?

— Ela morava numa outra cidade que, agora, o nome me foge da memória.

— Ela morava sozinha?

— Era uma senhora de seus setenta anos, que trabalhava como doméstica e morava com uma outra filha.

– Você falou com a Maria José?

– Não. Quem me disse foi a moça da padaria. Dona Maria José foi ao enterro. Seu Orlando não pôde ir porque não podia faltar ao serviço e ela foi com Palô. Irão ficar por lá uma semana quando, então, o marido irá buscá-los.

– E como eles foram?

– Devem ter ido de ônibus, dona Mércia.

– Bem, quando ela voltar, iremos visitá-la.

– Com licença, tenho muito serviço, hoje – diz a empregada, retirando-se.

O casal permanece por alguns minutos pensativo até que chega a filha, ainda com ar de sono.

– Bom dia, papai. Bom dia, mamãe.

– Bom dia, filha. Dormiu bem?

A menina dá um longo bocejo e responde:

– Dormi, mamãe, e sonhei muito com Palô e ele não tinha pintinhas vermelhas.

Nesse momento, uma ideia surge à mente de Mércia.

– Sabe, filha, tenho uma novidade muito boa para lhe dizer.

– Tem?

Sávio olha curioso para a mulher.

– Palô não está com sarampo.

– Não?

– Não. Foi um engano. A pessoa que me disse se enganou. Não era o Palô, mas, sim, um outro menino, que nem sei quem é.

– Que bom, mamãe! Quer dizer que vou poder brincar com ele, hoje?

– Hoje, não, Arlete, porque Palô foi viajar com sua mãe.

– Ele foi ao zoológico, também?

– Não, filha, ele foi visitar a vovó dele que está muito doente – mente a mulher, pois não quer dar explicações à filha, sobre a morte.

– E quando ele volta?

– Daqui a alguns dias.

– Que pena... Estou com muita saudade... Palô é tão bonzinho... Gosto de brincar com ele e ele sempre brinca do jeito que eu quero.

Dizendo isso, Arlete volta para o seu quarto, visivelmente triste.

– Mais uma vez, você foi muito inteligente – diz Sávio.

— Quanto ao menino não estar com sarampo?

— Isso mesmo.

— Foi uma maneira de acabar com essa farsa, afinal de contas, seria muito desagradável para os pais dele virem a saber que criamos uma mentira dessas para afastar nossa filha do filho deles. Além do mais, uma mentira envolvendo uma doença...

— Você fez muito bem.

— Percebeu como Arlete está triste?

— Fico impressionado com o carinho que ela tem pelo garoto. Ontem, durante o passeio, só falou nele.

— Penso que, de alguma forma, temos que resolver isso.

5. O velório

SÃO QUASE DEZ horas da manhã quando Maria José e o filho chegam à casa de sua irmã Maria Clara. À porta, duas cortinas pretas, estreitas, já se encontram penduradas, costume dessa época, para identificar a casa que se encontra de luto.

Maria José entra com o menino e avista a irmã, sentada em uma cadeira, ao lado do caixão que se encontra sobre estreita mesa. Copiosas lágrimas denotam o seu sofrimento. Ao ver essa cena e a mãe depositada na urna, Maria José não consegue mais se conter e entrega-se também às lágrimas, procurando, de todas as formas, disfarçar esse seu sofrimento e desespero, por causa de Palô que, imagina ela, nada entenderia.

— Que bom que você veio, Maria José – exclama a irmã, abraçando-a, e ao garoto.

— Pobre mamãe... – lamenta. – Como foi, Clara?

— Muito de repente. Ela estava se preparando

para dormir e caiu. Corri e chamei o doutor Souza, que mora aqui perto. Ele veio prontamente, mas ela já havia morrido. Foi o coração.

Maria José, então, aproxima-se mais do caixão e debruça-se sobre ele, falando ternas palavras de agradecimento àquela que a criara com tanto carinho e sacrifício. Palô, que havia permanecido enlaçado pela tia, desprende-se dela e chega até a mãe.

– *Qui coceu, mamãe?* (O que aconteceu, mamãe?).

– A vovó, filho.

– *Fófó?* (Vovó?).

– É a mãe da mamãe.

– *Mã mamã?* (Mãe da mamãe?).

– Sim, filho, minha mamãe.

– *Qui tá faceno aí?* (O que ela está fazendo aí?).

Maria José não sabe como explicar ao filho, tendo em vista a sua dificuldade para compreender as coisas e resolve deixar as explicações para outra oportunidade.

– Ela está dormindo.

– *Seóla tá tiste?* (A senhora está triste?). *Puquê tá domino?* (Porque está dormindo?).

– Você quer vê-la?

O menino dá sinal que sim e Maria José o pega no colo para que ele veja a avó.

– *O qui tem naliz?* (O que ela tem no nariz?).

– É algodão, filho – responde, colocando-o de volta ao chão.

Nesse exato momento, Palô puxa o vestido de Maria José para lhe chamar a atenção.

– O que foi Palô?

– *Éia tá ino bóia* (Ela está indo embora).

– Quem está indo embora?

– *A fófó* (A vovó).

– Quem?!

– *A fófó. I éia tá sem godão naliz* (A vovó. E ela está sem algodão no nariz).

– Onde você está vendo ela?

– *Lá, péito póita* (Lá, perto da porta).

– Não estou vendo ninguém, filho!

– *As moça tão evando éia. De cabeo compido e*

sóio veide ta falano eu (As moças estão levando ela. A de cabelos compridos e olhos verdes está falando comigo).

— E o que ela está dizendo?

— *Tá falano Zus... tina* (Está falando que se chama Justina).

— Justina?! – exclama Maria José, quase desfalecendo, sendo amparada pela irmã.

— O que aconteceu? – pergunta, assustada, Maria Clara.

— Nada, não, Maria Clara. Foi só uma tontura – responde, não querendo revelar à irmã o que seu filho disse.

— Ouvi você falar o nome da Justina.

— *Óme moça cá fófó* (Nome da moça com a vovó).

— O que ele disse, Maria José?

— Depois eu lhe explico.

— *Éia ta falano seóla falá* (Ela está falando para a senhora falar).

— Quem está falando, Palô? – pergunta-lhe a tia.

— *A Zus... tina* (A Justina).

— Você está vendo ela?

– *A de cabeo compido e sóio veide* (A de cabelos compridos e olhos verdes).

– Meu Deus, é a Justina! Ele está vendo a tia Justina!

– Ele disse que a Justina está saindo com a mãe – diz Maria José, rendendo-se à situação.

– E elas ainda estão aí, Palô?

– *Zá vā saí* (Já vão sair) – responde o menino.

– Você vê mais alguém? – pergunta em tom mais baixo de voz, apesar de que havia apenas mais três pessoas na casa, conversando no outro cômodo.

– *Más zente de banco* (Mais gente de branco).

– E a Justina disse mais alguma coisa?

– *Que zente não mole* (Que gente não morre).

– O que ele disse, Maria José?

– Que gente não morre.

– Meu Deus! Seu filho vê Espíritos!

– *Éia ta falano fófó bem* (Ela está falando que vovó está bem). *Qui éia vá evá fófó pu céu* (Que ela vai levar vovó para o Céu). *I éia ve vino* (E ela vem vindo).

– Meu Deus!

– *Nã te medo* (Não tenha medo).

– E agora, filho? O que ela quer?

– *Bezô seóla e éia* (Beijou a senhora e ela) – responde Palô, apontando para a tia. – *Bezô eu* (Beijou eu).

– Você sentiu o beijo?!

– *Nã. Só bezô* (Não. Só beijou).

– Ela pôs a mão em você?

– *Nu bazo* (No braço).

– Você sentiu?

– *Nã cocegue* (Não consegue). *Aóla nã tã mas* (Agora não estão mais).

– Foram embora?

– *Bóia* (Foram embora).

Nesse momento, as duas mulheres, parecendo ter a mesma ideia, voltam o olhar para dentro do caixão, como que para se certificarem de que o corpo da mãe ainda está lá. E é Maria José quem diz:

– Ela está aqui.

– É só o corpo – responde a irmã. – É só o corpo. Justina veio buscar o Espírito de mamãe.

– Filho, como estava a vovó? Estava olhando para você?

– *Os óme segulava eia. Tava co sóio fessado* (Os homens seguravam ela. Estava com os olhos fechados).

– Eu não entendo nada disso, Maria Clara, e nem quero entender.

– Sei alguma coisa porque minha patroa é espírita e ela vive me falando sobre isso. E, pelo que entendi, mamãe somente agora foi totalmente desligada do corpo e levada, só que, meio adormecida. Deve ter estado nessa situação desde que morreu ou, como diz minha patroa, desencarnou.

– E isso é bom?

– Muito bom, minha irmã, pois mamãe está bem amparada e, com certeza, porque merecia. Sempre foi uma boa mãe e sempre trabalhou para sustentar a gente. E, que eu saiba, nunca fez nada de errado.

– Mamãe ajudou muita gente, Maria Clara. Sempre fomos pobres, mas ela nunca negou ajuda a ninguém.

– É verdade. Você se lembra quando ela trabalhava durante o dia, e à noite passava roupas para ajudar dona Mercedes, que estava de cama?

– É mesmo. E o único serviço de dona Mercedes era esse. Se mamãe não fizesse isso, a pobre coitada perderia todas as suas freguesas.

– Dona Sônia, minha patroa, me disse algo muito bonito uma vez. Disse ela que não é suficiente não fazer o mal, mas fazer todo o bem que pudermos, pois seremos responsabilizados pelas consequências desse bem que deixamos de fazer. Porque, muitas vezes, deixamos de fazer o bem a alguém e esse alguém pode ser muito prejudicado. Quanto à mamãe, agora me sinto mais tranquila, pois aqui só tem o seu corpo e sei que ela, Espírito que é, está bem amparada.

– Também estou sentindo isso, Maria Clara – diz a irmã, abraçando o filho, em agradecimento.

– Amanhã vou pedir à minha patroa que me explique melhor. O que você acha?

– Será que ela não vai se incomodar?

– Não, pode ficar tranquila. Dona Sônia é uma pessoa muito boa e, pelo menos, ela vai poder me dizer como mamãe irá reagir quando souber que morreu, quer dizer, desencarnou.

– Olhe, Maria Clara, como ela está bonita, com o rosto calmo e tranquilo.

E as duas irmãs se abraçam e Palô se diverte vendo-as assim.

– *Óme baça tamém* (Um homem abraça também).

– O que ele disse? – pergunta a tia.

– Ele disse que um homem nos abraça.

– Abraça nós duas, Palô?

E o menino meneia positivamente a cabeça.

– E como é ele, filho?

– *Nã tê cabeo* (Não tem cabelo).

– Papai era careca, Maria José.

Nesse momento, o menino começa a sorrir cada vez mais, até esse sorriso transformar-se em pequenos risos.

– Do que está rindo, filho?

– *Óme mece oêia* (O homem mexe a orelha).

– É o papai! – diz Maria Clara, com lágrimas nos olhos.

– É ele, mesmo. Costumava mexer as orelhas quando queria brincar conosco e ríamos muito.

– *Óme vá ca fófó* (O homem vai com a vovó) – completa o garoto. – *Tá tu bem* (Está tudo bem).

– Ele disse isso? Que está tudo bem?

– *Faô* (Falou)

6. Dona Sônia

PASSADAS MAIS algumas horas, chega o momento do enterro. Como de costume naquele tempo, os homens, inclusive Lourival, marido de Maria Clara, que chegara naquele instante, pois tinha ido providenciar o local para o sepultamento, carregam o caixão pelas ruas da cidade, revezando-se os carregadores, a uma ordem da pessoa que caminha à cabeceira da urna mortuária. Dirigem-se até a igreja, no centro da pequena cidade, onde o padre irá encomendar o corpo.

Palô acompanha a mãe e a tia que, nessa hora, levam discreto sorriso nos lábios, e furtivas lágrimas não mais denotam desespero, mas apenas, saudade.

Terminado o ritual, sinos são tocados, anunciando que o féretro seguirá o caminho até o cemitério, não muito longe dali. Todos a pé, apesar de não serem muitos: cerca de umas quarenta pessoas.

No caminho, Maria José pergunta ao filho:

– Palô, você viu mais alguém, daqueles que você não pode tocar?

– Hum, hum – responde, afirmativamente.

– Conheceu alguém, filho?

– *Nã, mamã* (Não, mamãe). *Palô viu mué gandi* (Palô viu mulher grande).

– Grande, Palô? Seria grande assim? – pergunta, mostrando, com as mãos, grande largura na região da barriga.

– *Isso, mamã, goda. Gandi i goda* (Isso, mamãe, gorda. Grande e gorda).

– E os cabelos? – pergunta Maria Clara.

– *Inha poco cabeo i banco* (Tinha pouco cabelo e branco). *Oca gandi* (Boca grande).

– A Inês, Maria José! Só pode ser ela.

– *Abaçô seóla, éia e Palô* (Abraçou a senhora, ela e Palô) – diz o menino, apontando mais uma vez para a tia, quando disse "ela".

– A vida não termina com a morte, mesmo, Maria José.

– Mas o que essas pessoas, esses Espíritos

ficam fazendo? Será que moram em algum lugar? – pergunta-se e, após alguns segundos, volta-se para Palô.

– Só mais uma pergunta, filho. Você disse que as outras pessoas estavam de branco. E a vovó? Estava de branco, também?

– *Nã, mamã, mesma lopa qui tava domino nu caçã* (Não, mamãe, mesma roupa que estava dormindo no caixão).

A partir desse momento, passam a caminhar em silêncio até que o sepultamento se consuma, retornando para a casa de Maria Clara. Maria José ficará por alguns dias até que a irmã, que não possui filhos, se adapte à nova vida sem a mãe, mesmo porque, Lourival, seu marido, vai voltar para o trabalho que realiza numa outra cidade, para uma empresa de construções. Geralmente, ele passa toda a semana no serviço, retornando aos sábados.

Naquela noite, Palô pergunta à mãe quando irão voltar, dizendo estar sentindo muita saudade de Arlete. E Maria José consegue explicar, da melhor maneira possível, a fim de que ele entenda, que ainda vão ficar ali por alguns dias e que o papai virá buscá-los. Antes do anoitecer, Maria Clara dirige-se até a casa onde trabalha e, ao retornar, uma pequena refeição já está sendo preparada pela irmã.

* * *

Quando estão para se deitar, Maria Clara relata que conversou com sua patroa, sobre o menino, e que ela gostaria muito de vê-lo.

— O que você acha, Maria Clara?

— Como já lhe disse, Sônia é espírita e é uma pessoa muito boa e generosa. Penso que ela nos aconselhará sobre o que devemos fazer a respeito.

— Tenho um pouco de medo... Você não tem?

— Não, porque como conheço bem a Sônia, sei que ela fará o possível para nos explicar e nos ajudar.

— Ajudar?

— Sim. Ela me disse que as crianças, de modo geral, chegam a ver Espíritos e que, com o tempo, geralmente após os sete anos de idade, ou menos, essa vidência desaparece naturalmente. E que na grande maioria dos casos, os adultos nem se preocupam muito com isso, colocando tudo à conta da fértil imaginação infantil.

— Então, isso vai desaparecer também com Palô...

— Com certeza, mas ela me disse, pelo que lhe contei, que essa visão dele está um pouco mais intensa e forte do que a observada nas outras crianças. Além do que, ele não tem receio nenhum, principalmente com essas figuras em forma de bichos, lagartos, enfim...

— Então, penso que devemos levá-lo até ela.

— Também acho melhor. E, depois, talvez, ela possa falar um pouco sobre a situação de mamãe. Gostaria muito de saber.

Passam-se dois dias e Maria Clara volta a trabalhar em casa de Sônia, pois esta insistiu para que ela ficasse, pelo menos, uns três dias em casa. E Maria Clara e Maria José haviam aproveitado aqueles dias para colocar a casa em ordem, numa verdadeira faxina e, também, separando, numa caixa, as poucas roupas da mãe e repartindo, entre si, alguns pertences, a título de lembrança da dedicada senhora que as acolhera no ventre, como filhas do coração.

E naquele dia, como já haviam combinado, às três horas da tarde, Maria José e Palô vão até a casa de Sônia para conversarem com ela. É Maria Clara mesma quem atende à porta e, por ordem da patroa, os faz entrar. Sônia os recebe com muito carinho, levando-os até a sala de jantar.

– Por favor, sentem-se. Você também, Maria Clara.

O garoto fica a admirar os enfeites da residência, tendo em vista ser uma casa bem decorada.

– Boa tarde, Palô – diz a senhora, tomando o menino pelas mãos e fazendo-o sentar-se à sua frente. E o garoto que, até aquele momento, permanecera calado, responde ao cumprimento:

– *Bá taide* (Boa tarde).

– Um menino muito lindo, esse seu filho, Maria José.

– Obrigada, dona Sônia.

– Por favor, pode me tratar por Sônia, assim como Maria Clara já o faz, após insistentes pedidos meus.

– Obrigada, Sônia.

– Assim está melhor. Sabe, Maria José, sua irmã me contou sobre o garoto e pensei que ele tivesse algum tipo de desajuste na sua estrutura física...

– Ele é muito bonito, mesmo e, à primeira

vista, parece ser uma criança normal, a não ser pelas perninhas arqueadas, problemas com a fala e, principalmente, com o raciocínio.

– Mais precisamente...

– Bem, ele demora, muitas vezes, para compreender as coisas. Está com seis anos de idade e já teria condições de, por exemplo, fazer uma conta simples como uma laranja mais uma laranja serem duas laranjas. Entende? Ele até mostra com os dedos, mas não consegue gravar o número correspondente. E outras coisas que percebo que as crianças da idade dele já conseguem. Tomo por base uma menina da mesma idade, que é nossa vizinha, e que já sabe muito mais do que essa simples conta de somar. Agora, ele tem um coração enorme, de bondade.

– A senhora já o levou a um médico?

– Quem percebeu o problema foi uma médica, quando Palô tinha três anos. Depois, com quatro, levei-o a um outro médico que diagnosticou um atraso mental, dizendo-me acreditar que, com o tempo, ele alcançaria as outras crianças, em termos de inteligência.

– E ele tem uns "amiguinhos"...

– Isso mesmo. Maria Clara já lhe contou...

– Sim.

– Inclusive de ter visto minha mãe, minha tia e meu pai que já morreram?

– Ela também me contou sobre tudo isso.

– E o que significa isso, dona..., quer dizer..., Sônia? Maria Clara me disse que você lhe explicou a respeito das crianças verem Espíritos até perto dos sete anos de idade, mas estranhou um pouco a intensidade do que acontece com Palô.

– É isso mesmo, Maria José.

– E o que se pode fazer?

A mulher pensa um pouco e expõe o seu ponto de vista:

– Creio que Palô venha a ser, no futuro, um bom médium vidente e até possa, ou melhor, deva colocar essa capacidade a serviço de Jesus, nos Centros Espíritas.

– Nos Centros Espíritas?!

– Sim, Maria José, e não há mal nenhum nisso. A mediunidade bem utilizada no auxílio ao próximo é como trabalhar para Jesus, para Deus.

– É que não entendo nada sobre isso.

– Bem, pode ocorrer, também, dessa sua vidência ser apenas passageira.

– E o que a senhora aconselha?

– Na minha opinião e de acordo com a orientação de Espíritos Superiores, quando isso acontece, o melhor a fazer é procurar amainar, diminuir essa mediunidade na criança, porque ela ainda não possui condições de compreender o que lhe ocorre. E mediunidade é uma faculdade que deve ser exercida juntamente com estudo, ou seja, o médium deve conhecer o porquê dessa faculdade e como ela se opera, a fim de saber o que deve fazer com ela. Isso também é válido para adultos que passam a ter uma mediunidade repentina, sem nenhum conhecimento.

– E como diminuir isso, Sônia? – pergunta a mãe, preocupada.

– Na sua cidade tem algum Centro Espírita, Maria José?

– Que eu saiba, tem um.

– Pois você deve levar o menino para tomar passes.

– Passes?

– Sim, passes. O passe nada mais é que uma transmissão de energia através das mãos com o auxílio dos Espíritos. E pode ficar tranquila. Os médiuns que aplicam o passe nem tocam nas pessoas e não dói nada, também. O máximo que pode acontecer, e que é o esperado, é que a pessoa saia de uma sessão dessas bem mais calma e tranquila do que quando chegou. E quando desabrocha a mediunidade em alguém, o melhor caminho é tomar passes para, como já disse, diminuí-la. Depois, a pessoa deve estudar a Doutrina Espírita para aprender a ter controle sobre essa faculdade.

– Mas como Palô irá estudar? – pergunta Maria José, preocupada.

E Sônia lhe responde, sorrindo:

– Fique tranquila. No caso das crianças, o mais importante são os passes. Quando elas tiverem condições de aprender, aí, sim, elas o farão, geralmente quando tiverem idade e capacidade para isso.

– E se Palô não tiver essa capacidade de aprender?

– Deus não irá desampará-lo, Maria José. Talvez essa vidência do menino tenha a finalidade de chamar a sua atenção e a de seu marido para a Doutrina Espírita que, com certeza, irá auxiliá-los muito no tocante a essas dificuldades dele.

– Entendo, mas como é esse passe? Posso ir junto dele?

– Pode e deve. Se quiser, hoje à noite, teremos aplicação no Centro Espírita que frequento e você e Palô poderão ir. Assim já poderá ter uma ideia. Pode ser?

– Sim, sim.

– Mais dois conselhos: primeiro, procure ir todos os dias que tiver aplicação de passes, no Centro de sua cidade. Segundo conselho: após algumas sessões, procure conversar com o dirigente desse Centro para que ele fique a par do assunto.

– E por quanto tempo devo levar Palô para tomar passes?

– Não deixe de ir até notar que o garoto não mais tenha essas visões. Depois, se quiser, poderá continuar a frequentar. E seria bom que você se inteirasse sobre o assunto, sobre a Doutrina Espírita, através dos livros. Se quiser, lhe dou alguns.

– Quero, sim.

– Gostaria, também, de lhe dizer mais uma coisa.

– Pois não.

– Procure ensinar Palô, com muita paciência e carinho, a falar direito.

– A falar direito? Como?

– Você descobrirá um jeito. De qualquer maneira, sugiro fazê-lo repetir com você as sílabas que ele tem mais dificuldade. Mostre para ele o movimento que você faz com a boca e a posição dos lábios.

– Ele fala "fófó", ao invés de vovó.

– Um bom exemplo. Procure fazer com que ele preste atenção nos seus lábios, fazendo assim – diz Sônia, colocando os dentes superiores sobre o lábio inferior e soprando. – E peça para ele repetir. Logicamente, como lhe disse, terá que ter muita paciência, porque não será de um dia para o outro que ele conseguirá. É uma tentativa e já tive a oportunidade de ver isso funcionar. Depois, faça com outras sílabas.

– Vou tentar, Sônia. Muito obrigada.

– Então, vamos fazer o seguinte: hoje, por volta das sete horas da noite, vocês levam o menino ao Centro. Maria Clara sabe onde fica. É aqui perto.

– Vamos, sim – diz a irmã de Maria José.

Sônia, então, volta-se para o garoto que, já há

algum tempo, tem o olhar fixo nela ou, mais precisamente, em algo que parece ver ao seu lado.

– E você, Palô? Está vendo alguma coisa?

O menino olha interrogativamente para a mãe, como a lhe consultar se deve falar.

– Pode responder para a senhora, filho. Pode falar. Você está vendo alguma coisa?

Palô volta o olhar para o lado direito da mulher e diz:

– *Óme* (Homem).

– Tem um homem do meu lado, Palô?

– *Massucado* (Machucado).

– Ele diz que o homem está machucado – traduz Maria José.

– Eu entendi. Mas onde ele está machucado, Palô?

– *Cabea* (Cabeça).

– Deste lado ou deste? – pergunta Sônia, mostrando na sua própria.

– *Ati* (Aqui). – responde, colocando o dedinho no lado esquerdo da cabeça da mulher.

– E ele fala alguma coisa?

O menino fica por alguns segundos prestando atenção, até responder:

– *Té azuda* (Quer ajuda). *Tê sangui* (Tem sangue). *Toitado* (Coitado).

– Nós vamos ajudar ele esta noite, Palô. Pode ficar tranquilo. Pode acreditar – promete Sônia que, sorrindo, explica:

– Agora, enquanto eu aplico um passe em você, Palô, vou pedir a Deus que ajude esse homem na sua dor até que possamos atendê-lo no Centro, à noite.

Dizendo isso, a mulher se levanta, posiciona as mãos a alguns centímetros da cabeça do garoto, cerra os olhos e faz sentida prece a Deus, rogando auxílio para o menino e para o Espírito sofredor. Quando termina, serve ao menino um pouco de água, que havia, antecipadamente, colocado numa jarra, antes da conversa com as mulheres. Oferece, também, um copo para cada uma e bebe de outro.

– Isso é o passe? – pergunta Maria José.

– Isso foi o passe. No Centro, haverá um maior auxílio por parte dos Espíritos Benfeitores porque lá é o local ideal, mas, mesmo aqui, neste momento, o Espírito protetor do menino veio em seu auxílio. Você ainda vê o homem machucado, Palô?

– *Nã. Zumiu* (Não. Sumiu).

Maria José tem os olhos marejados de lágrimas, antevendo que o filho poderá se libertar dessas visões e também feliz pelo que Sônia lhe ensinou, para que ela, com muita dedicação, tente fazer o menino falar direito. E possui, na mente, a esperança de que dará certo; pelo menos, tem certeza de que se dedicará com afinco para isso.

7. Em casa de Arlete

– Por que está chorando, Arlete? – pergunta Mércia à filha, que se encontra sentadinha no chão de seu quarto, com uma boneca nos braços.

A menina levanta os olhos tristes e responde, com estranha mágoa no olhar:

– A senhora mentiu para mim.

– Menti para você, filha? Mas o que foi que eu menti para você?

– Primeiro, a senhora falou que o Palô estava com... como é mesmo, o nome daquelas pintinhas vermelhas?

– Sarampo.

– Isso, sarampo.

– Não menti para você, Arlete – insiste Mércia, preocupada, porque não sabe a que mentira a menina se refere: à primeira, quando disse que o garoto não podia vir brincar porque estava doente ou quando lhe falou que era uma outra criança que estava.

— Mentiu, sim – diz a menina, parecendo sem muita convicção.

— Então, me diga o que lhe menti, filha.

— A senhora disse que Palô estava com sarampo e depois disse que era outra criança e que o Palô foi viajar porque sua vovó estava doente.

— Então...

— Eu acho que o Palô está com esse sarampo, sim, e a dona Maria José levou ele para o hospital. A senhora não quer me contar.

E começa a chorar, agora, com tanto sentimento, que chega a impressionar Mércia, pois nunca vira sua filhinha chorar dessa maneira. Levanta-a, então, do chão, senta-se na cama, com ela ao colo, e a abraça, carinhosamente.

— Por favor, Arlete, escute a mamãe. Palô não está com sarampo, não. Ele foi com a mãe visitar a vovó dele que está muito doente. Pode acreditar.

Mas a menina insiste:

— Se ele estiver no hospital, eu quero ir lá. É meu melhor amigo e tenho muita pena dele.

— Por que você tem pena dele? Porque ele é pobre? Eu já lhe disse que ele vai crescer, trabalhar e não será mais pobre.

— Mas tem a minha idade e nem sabe falar direito. Eu já sei escrever o meu nome e ele nem consegue escrever a letra "a".

– Ele vai aprender, filha.

– Eu já tentei ensinar a ele – continua a menina a falar, com a voz entrecortada por soluços. – Eu falo para ele ir com o lápis para a direita e ele vai para a esquerda. Nem pegar direito no lápis ele consegue.

– É que você não é professora, meu bem.

– A Isabel também não é professora, mas ela me ensinou e eu aprendi direitinho.

– Sabe, Arlete, existem crianças que têm mais dificuldades para aprender; outras aprendem mais facilmente, mas, mesmo as que têm dificuldade, acabam aprendendo.

– Acho que ele não vai conseguir nunca. Também nem sabe contar até dez. E eu já sei. Nem até três, ele consegue. Eu ensino, ele conta. Dali a pouco, já não lembra mais.

Mércia não sabe mais o que falar para a filha até que esta lhe pergunta:

– O que é ser atrasado, mamãe?

– Atrasado? Como assim?

– Um dia, eu ouvi a dona Maria da padaria

falar para a vizinha dela que o Palô é atrasado. E a vizinha disse que ele é... como é, mesmo?

— Não sei.

— Eu vou me lembrar. Eu escutei. Ela disse... debiloide. Isso mesmo, debiloide.

— Não sei o que é isso — disfarça Mércia —, acho que é conversa de quem não tem o que fazer.

— Eu quero que a senhora me leve até o hospital. Acho que ele está lá por causa do sarampo.

— Mas quem é que pôs essa ideia na sua cabecinha?

— Eu sonhei.

— Ora, filha, não é porque você sonhou, que é verdade. Você sonhou porque estava preocupada com Palô.

— A Isabel me falou, um dia, que ela sonhou com uma coisa que era verdade.

— Deve ser porque ela sonhou com alguma coisa que já havia acontecido, filha.

— A senhora jura que o Palô não está no hospital?

— Juro, filha — diz a mãe, cruzando os dedos indicadores e levando-os aos lábios e beijando-os.

– Eu vou acreditar na senhora, mamãe.

– Pode acreditar, filha.

– E quando Palô vai voltar?

– Não sei, Arlete.

– Por que não pergunta para o seu Orlando? É o pai dele. Ele já deve ter chegado em casa.

– Como sabe?

– Eu escutei barulho de porta na casa dele.

– Mais tarde, quando seu pai chegar, ele pergunta.

– Eu vou com a senhora, agora, mamãe. Por favor...

Mércia resolve, então, atender ao pedido da filha.

– Está bem, Arlete, vamos até lá.

Mércia bate palmas e, não demora muito, o homem aparece.

– Pois não, dona Mércia, a senhora procura por Maria José?

– Não, seu Orlando. Soube que ela viajou. Apenas queria saber quando ela volta, porque a minha filha está com saudade do Palô.

– Irei encontrá-los sábado de manhã e voltaremos no domingo.

– Palô está doente, seu Orlando? – pergunta a menina.

– Que eu saiba, não. Por que pergunta?

– Pensei que ele estivesse com sarampo.

– Com sarampo? Não, não está com sarampo. Ele só foi ao enterro da avó dele – diz o homem, sem saber que Mércia nada tinha dito à garota.

– A vovó dele morreu?

Orlando volta-se para Mércia, procurando ajuda para falar com a menina, que olha para a mãe com ar de desaprovação por não lhe ter dito.

– Eu não sabia, seu Orlando. Pensei que ela estivesse só doente.

– É... ela morreu de repente.

– Meus sentimentos. Depois virei fazer uma visita a Maria José.

– E o Palô? – pergunta Arlete. – Ele está muito triste?

– Deve estar um pouquinho, mas logo passa, não é?

– E ele não está, mesmo, doente, seu Orlando?

– Tenho certeza que não. Pelo menos, saiu daqui com muita saúde.

Mércia se despede e volta para casa.

– Pronto, filha, agora está tudo bem, não é? Você viu que a mamãe não estava mentindo.

– Mesmo assim, mamãe, coitado do Palô. A vovó dele morreu...

– Mas sua vovó e seu vovô também já morreram.

– Eu sei, mas eu não me lembro deles.

– O Palô, talvez, nem se lembre também. Nunca soube que ele viajou para ver a vovó dele.

– Um dia ele me falou que não tinha vovô. Daí, de tanto eu insistir, ele se lembrou de sua vovó e me disse que ela era muito boa e bonita.

– Ele disse isso para você?

– Eu lhe perguntei se a vovó dele era boa e bonita e ele respondeu que sim. Então, Palô conhecia e ele nunca mentiu para mim.

– Está bem, filha. Agora, vamos pensar assim: domingo que vem, ele estará de volta.

8. A FEBRE

É NOITE, MÉRCIA e Sávio se encontram na sala e Arlete já se deitou há algum tempo.

– Sávio, estou muito preocupada com a nossa filha.

– O que está acontecendo?

Então, a mulher lhe conta o ocorrido naquela tarde.

O homem permanece por alguns segundos pensativo e comenta:

– Sabe, querida, penso que teremos que ter um pouco de tato e cuidado, pois Arlete se encontra muito ligada ao garoto e essa compaixão que ela tem por ele pode se transformar numa certa dependência.

– Dependência? Como?

– De Arlete para com Palô.

– Não estou entendendo.

– Tenho receio de que ela passe a viver em função das dificuldades do amiguinho. Melhor explicando: temo que ela somente deseje realizar coisas que ele possa realizar também e, até mesmo, ir a lugares onde ele possa ir. E o que é pior: que ela se limite a essa amizade, deixando de se relacionar com outras crianças da sua idade.

Nesse momento, ouvem a voz da menina, vinda do quarto.

– Você quer alguma coisa, Arlete? – pergunta a mãe.

Mas a menina continua a falar algo que não entendem.

– Arlete! – insiste Mércia. – O que você quer?

Como a garotinha não responde, o casal dirige-se até o quarto e a encontram dormindo, molhada de suor e delirando:

– Palô...! Onde você está...? Palô...! Você está doente...? Palô...!

Sávio encosta a mão em sua testa e afirma:

— Ela está ardendo em febre, Mércia. Tente acordá-la e coloque compressas frias em sua fronte. Vou buscar o doutor Renato.

Dizendo isso, Sávio apanha o carro e dirige-se à residência do médico.

— Arlete! Arlete! Acorde, filha! Fale com a mamãe!

— Ahn...?

— Acorde, filha!

A menina entreabre os olhos.

— Mamãe... Palô...

— Estou aqui, filha. Você está com febre. Espere um pouco que a mamãe vai lhe fazer uma compressa com água fria.

Dizendo isso, Mércia vai até a cozinha, enche uma pequena bacia com água, apanha um guardanapo, retorna ao quarto e, molhando o tecido, o coloca sobre a testa da menina. Alguns minutos se passam e entram Sávio e o doutor Renato que, tomando a temperatura, franze o cenho, preocupado.

— Pegue sua filha, Sávio. Dispa-a, dona Mércia, e coloque-a sob o chuveiro com água quase fria.

A mulher faz o que o médico lhe pede, enquanto este solicita a Sávio um pouco de água num copo, no qual deposita algumas gotas de um medicamento, e faz Arlete tomar, assim que sua mãe a retira do banho.

– Vista-lhe uma roupa bem leve e a coloque na cama.

– O que ela tem, doutor? – pergunta o pai, bastante preocupado e assustado, com toda aquela movimentação.

– Vou examiná-la agora. A febre deve ceder com esse banho e com o medicamento que lhe ministrei.

Em seguida, o médico a examina, realizando os procedimentos de praxe.

– E, então, doutor?

– Não percebo nada de anormal nela, Sávio, e não precisam se preocupar. As crianças são assim, mesmo. Ainda é um pouco inexplicável, mas, muitas vezes, crianças dessa idade adquirem um quadro febril, por algum motivo tolo, como, por exemplo, a vontade de ganhar algum brinquedo, um doce ou por causa de alguma contrariedade ou ansiedade. Vocês notaram alguma coisa de anormal na menina?

— Sim, até estávamos conversando a respeito, quando a ouvimos delirar.

E Sávio relata ao médico e amigo o que estava acontecendo com a filha e o filho do vizinho, Palô, inclusive sobre a preocupação quanto à menina acabar ficando dependente das possibilidades do garoto.

O médico pensa um pouco e emite sua opinião.

— Penso que vocês têm alguma razão quanto a essa preocupação.

— E o que podemos fazer, doutor?

— Baseando-me nos meus conhecimentos sobre psicologia infantil, que também não são muitos e, na verdade, mais me pautando pela razão, aconselho-os a que não tentem impedir o relacionamento de Arlete com o garoto, pelo menos por enquanto. O que lhes posso sugerir é que procurem uma forma de somar, aos momentos de folguedo da menina e do menino, mais uma criança, de preferência, uma menina da mesma idade ou, se for possível, um ano mais velha, para que ela tenha a oportunidade de conviver com dois tipos de personalidade.

– Talvez Isabel, filha de dona Maria, da padaria. Ela tem sete anos e até já começou a frequentar a escola.

– Penso que seria o ideal – diz o médico.

– E se contratássemos uma moça, uma babá, para tomar conta das crianças, doutor? – pergunta Sávio.

– Não haveria necessidade, mas pela preocupação que têm com o menino, pode ser de bom alvitre.

– Não será necessário, por enquanto, Sávio – diz a esposa. – Eu tomarei conta delas. Mesmo porque, poderemos estabelecer horário para que brinquem, já que Isabel vai à escola no período da manhã.

– Está bem – diz o marido.

– Amanhã irei falar com dona Maria. Saberei conversar com ela, de maneira que não venha a saber sobre essa nossa preocupação. E não creio que Isabel venha a ter problemas por causa de Palô. Trata-se de uma menina que já está se relacionando com outras crianças na escola e, também, creio ser ela mais desenvolta e menos afeita a influências externas.

9. No centro espírita

SÃO SETE HORAS da noite e Maria José, Maria Clara e Palô já se encontram no Centro Espírita Luz e Amor, que é o que Sônia frequenta. Por indicação dela, os três sentam-se numa das primeiras filas de cadeiras do pequeno salão, tendo, à frente, uma mesa retangular com lugares para vinte pessoas à sua volta. Todos se encontram em silêncio e de uma pequena vitrola saem belíssimos acordes de músicas clássicas a acalmar o ambiente e cujo volume é apenas o suficiente para que todos ouçam.

Mais quinze minutos se passam e seu Olívio, dirigente da casa, caminha até a frente do salão, posicionando-se entre a mesa e os presentes, cerca de pouco mais de trinta pessoas. Cumprimenta a todos e anuncia que irá fazer pequena preleção antes de iniciar os trabalhos de passe.

– Meus amigos e meus irmãos. Que a paz seja convosco.

Esta noite posso perceber que se encontram presentes algumas pessoas que aqui estão vindo pela primeira vez. A essas pessoas desejo as boas-vindas e abordarei um assunto muito importante que, pela minha experiência, sei que poderá esclarecer as principais dúvidas que assaltam aqueles que aqui vêm pela primeira vez, em busca de explicações, as mais diversas.

Uma das dúvidas que mais assomam o pensamento das pessoas diz respeito às diferenças que existem entre as criaturas, todas filhas de Deus. E este livro – continua o homem, apanhando de cima da mesa um exemplar de O *Evangelho Segundo o Espiritismo*, de Allan Kardec –, o Evangelho de Jesus, sob a ótica da Doutrina Espírita, que encerra explicações sobre os vários ensinamentos de Jesus, já nos traz, no capítulo V, assuntos esclarecedores sobre essas dúvidas.

E abrindo a obra, recomeça:

– Ah, aqui está. Em suma, aqui diz que o homem consegue compreender muitos dos sofrimentos da vida, porque percebe que foi ele mesmo quem os provocou, mas que há males e dores que ele não entende e que lhe parecem uma fatalidade. E temos como exemplos, meus irmãos, a perda de seres queridos, os acidentes fatais, estes muitas vezes causados pela natureza, as enfermidades de nascimento...

Nesse instante, Maria José e a irmã passam a prestar mais atenção às palavras de Olívio.

– ..., principalmente aquelas enfermidades do corpo ou da mente, que impedem a esses infelizes de ganhar a vida, através do trabalho. São as deformidades físicas, a idiotia, o cretinismo, o atraso mental.

Olívio faz pequena pausa e continua:

– Então, as pessoas se perguntam o que foi que fizeram na vida para merecerem toda essa dificuldade, todo esse sofrimento. Por que, se ao seu lado, dentre os próprios familiares, vizinhos, ou amigos, outros são mais favorecidos? Por que uns nascem paupérrimos e outros, em berços de ouro, por que nascem crianças que morrem em tenra idade e não conheceram da vida senão o sofrimento da doença?

E falando em crianças e, principalmente, considerando que muitos pensadores religiosos creem na existência de um Céu e de um inferno eterno, não podemos também crer numa punição eterna, pois senão, haveria aí uma grande injustiça por parte do Criador, que possa dar essa destinação a um pecador que morre com idade madura e vai para esse inferno, comparando-o com um bebê que morre em tenra idade e que, pela lógica, vai para um paraíso, mas que não teve a oportunidade de demonstrar que, se tivesse vivido até a idade, por exemplo, vivida por aquele pecador, não iria também para um local de padecimentos.

E, logicamente, o contrário aconteceria também, não é? Se o pecador tivesse morrido quando bebê, não teria ido para um inferno e, sim, para um paraíso.

Agora, Deus, nosso Pai e Criador, somente deseja a nossa felicidade e nós sabemos que todo efeito possui uma causa e, sendo Deus justo, essa causa só pode ser justa.

Sabemos, também, que toda causa vem antes do efeito e se nós não a encontramos nesta vida atual, ela só pode ser anterior a esta vida.

Alguns de vocês devem estar estranhando um pouco, mas é muito simples. Nós vivemos várias vidas, que os espíritas denominam de encarnações. Já devem ter ouvido falar.

Vou tentar lhes explicar em rápidas palavras que, certamente, serão melhor compreendidas, depois que lerem alguns livros a respeito.

O dirigente Olívio faz pequena pausa e continua:

— Sabem, meus irmãos, o homem, em sua prepotência e vaidade, acredita que alguém que viveu até os cinquenta, sessenta, setenta ou oitenta anos ou, talvez, um pouco mais, já possui condições de ir para um Céu que, como apregoam muitos pensadores religiosos, é um lugar de felicidade eterna que, na verdade, nem sabem o que seja.

Vocês não acham ser muita pretensão acreditar que com tão pouco tempo de vida já tenha alcançado essas condições?

Nós vivemos, ainda, num mundo inferior, que é a Terra, um planeta de provas e expiações, onde teremos que viver situações de sofrimento, tais quais os sofrimentos que fizemos outros sofrerem em outras vidas. E isso não é castigo, não. São chances de aprendizado. Deus nos coloca em situações idênticas a muitos sofrimentos que impusemos ao próximo, a fim de aprendermos, realmente, e na própria pele. Porque, senão, não aprenderíamos ou, pelo menos, levaríamos muito tempo para aprender. E exemplos não nos faltam: se o homem foi duro, será tratado duramente; se orgulhoso, poderá reencarnar em situação humilhante; se avarento e egoísta ou não soube fazer bom uso de sua fortuna, virá privado do que necessita.

Mas nem todas as provações são oriundas de faltas cometidas no passado. Muitas vezes, Espíritos elevados solicitam uma missão, uma tarefa para auxiliar o próximo, e se dispõem a reencarnar com muitos problemas a fim de ensinarem com o exemplo da resignação cristã.

Por esse motivo, não devemos encarar todos os que sofrem, como Espíritos altamente devedores do passado, bastando examinarmos a maneira de cada um reagir perante as vicissitudes por que passam, para percebermos que alguns reagem com a alegria no sorriso, principalmente diante da felicidade do próximo.

Gostaria que refletissem bem sobre isso tudo e, se possível, que lessem os livros que se encontram em nossa biblioteca do Centro, com os quais muito aprenderão e passarão a ver a vida com outros olhos, sem revolta, ódio ou mágoa.

E Olívio faz mais uma pausa para, em seguida, convidar os presentes a acompanhá-lo numa prece.

— Bem, meus irmãos, vamos, agora, rogar ao Alto que nos abençoe, que abençoe os Espíritos que irão nos propiciar as energias revigorantes do passe e que possamos levar conosco e para os nossos lares, toda a paz que aqui, com certeza, receberemos.

E fazendo sentida prece, convida todos a formarem uma fila à porta de um pequeno cômodo, que se encontra em penumbra, onde os passes serão ministrados por seis pessoas, dentre elas, a senhora Sônia.

Maria José, Maria Clara e Palô entram, então, na sala, onde são convidados a se sentarem em cadeiras, dispostas uma ao lado da outra. Mais três pessoas se sentam, pois são seis o número de assentos. A seguir, os denominados médiuns passistas se postam em pé à frente de cada paciente e, cerrando os olhos, levam as duas mãos por sobre suas cabeças, sem tocá-las.

E Palô, que, inocentemente, não cerra os olhos, começa a falar o que vê:

— *Luz fóite, mã* (Luz forte, mãe). *Da mã óme,*

mã (Da mão do homem, mãe). *Enta cabea sai mã* (Entra pela cabeça e sai pela mão). *Enta cabea Palô* (Entra na cabeça de Palô).

Sônia, que se encontra aplicando o passe em Maria José, limita-se a sorrir, muito feliz com a visão do garoto. Quando termina o passe, é servido um pequeno copo com água à saída, enquanto novas pessoas entram na sala e se sentam.

Terminados os trabalhos de passes, Maria José, Maria Clara e Palô se despedem de Sônia, que se dirige ao recinto onde terá início a reunião mediúnica de auxílio a Espíritos necessitados e de oportunas e esclarecedoras mensagens de Espíritos mais elevados, no intuito de esclarecer e de trazer mensagens de apoio e de incentivo aos trabalhadores encarnados.

Ao redor da mesa comprida, sentam-se doze pessoas, sendo quatro médiuns para receber as comunicações dos Espíritos, sete médiuns de apoio vibratório ao ambiente e o coordenador da reunião, que tem por função atender e esclarecer os Espíritos a respeito de seus mais diversos problemas e dificuldades.

As luzes são apagadas a fim de facilitar a concentração dos presentes e uma pequena lâmpada, de baixa intensidade, é acesa para que o recinto não fique em completa escuridão.

Feita uma prece inicial, agradecendo a presença das entidades trabalhadoras do Bem que ali já se encontram há algum tempo, organizando o trabalho e estabelecendo a ordem das comunicações, o senhor Olívio pede o empenho de todos que, permanecendo em silêncio e em prece, aguardam a primeira comunicação.

É, então, que, com muito cuidado e carinhosamente, Espíritos do Bem fazem chegar bem próximo a Sônia, a entidade que Palô havia visto em sua casa, à tarde.

E com o auxílio desses trabalhadores do Plano Maior, gradativamente, tem início a interação entre o comunicante e a médium, que já começa a sentir parte da dor física do Espírito, dor essa que havia sentido durante a tarde e no local exato da cabeça em que Palô havia indicado, o que veio a confirmar, para ela, a veracidade de sua vidência.

Poucos segundos se passam e o Espírito sofredor começa a falar através das cordas vocais de Sônia. No início, apenas alguns sons guturais, até que Olívio lhe diz:

97

– Seja bem-vindo, meu irmão. O que podemos fazer para ajudá-lo?

Com certa dificuldade, o Espírito começa a falar:

– Fui baleado e sinto muita dor. Não paro de perder sangue e não quero morrer. Me ajudem!

– Tenha calma, meu amigo. Em nome de Deus e de Jesus, vamos ajudá-lo.

– Mas está tudo tão estranho...

– O que está estranho? Poderia, por favor, nos relatar para que possamos auxiliá-lo?

– Estranho porque, depois de baleado, corri para minha casa. Era noite. Chamei e chamei por minha mulher e por meus filhos, mas eles não pareciam me ouvir. Quando um saiu, tentei falar com ele, pedir ajuda, mas ele fez que não me viu. Pedi socorro a pessoas que passavam, até a amigos meus, mas ninguém parecia me escutar. Passei muito tempo assim, nessa situação. Por vezes, penso até que já se passaram alguns anos. O tempo, para mim, tornou-se algo que não consigo compreender e imagino estar tendo um pesadelo, sem conseguir acordar. Até que, quando vi, estava ao lado desta mulher. E agora...

– E agora...

– Agora estou falando com você! Você está me ouvindo. Mas que lugar é este? Por que estão sentados ao redor desta mesa e na penumbra?

– Você se encontra num pronto-socorro, meu amigo.

– Vocês são médicos?

– Não, não, mas gostaríamos de ajudá-lo a ver os médicos que estão aqui.

– Por que me ajudar a vê-los? Por que não posso vê-los?

– Peço-lhe mais uma vez que se acalme para facilitar o nosso auxílio.

– Está bem! Está bem... O que devo fazer, então?

– Gostaria que fizesse uma prece, solicitando a ajuda de Deus.

– Deus?! Por que Deus?! Não acredito em Deus!

– Você não pode duvidar da existência de Deus que o criou.

– Se Ele me criou, por que permitiu que atirassem em mim? Não fiz nada a ninguém.

– Não fale assim, meu irmão. Nada acontece por acaso neste mundo. Tudo o que nos acontece é aprendizado nesta vida eterna que vivemos.

– Eterna?! Não vê que vou morrer, se não for atendido logo, com urgência?

– A morte não existe, meu amigo.

– Como assim, a morte não existe?

Olívio permanece por alguns segundos em silêncio, solicitando inspiração dos Espíritos, a fim de conduzir da melhor maneira possível aquele diálogo. Então, um Espírito iluminado aproxima-se dele e, através de sua mediunidade, reinicia a conversa:

– Você não percebeu, ainda, o que lhe aconteceu, meu amigo?

– O que você quer dizer com isso?

– Preste mais atenção e veja como você está conseguindo falar conosco.

O Espírito silencia e começa a observar um pouco mais. De repente, fala:

– Eu estou falando...

Cala-se por uns momentos até que cai na realidade.

– Não!!! Eu estou falando através da boca

desta mulher! Tudo o que quero falar sai de sua boca e com a sua voz! Eu já ouvi falar disto! Isto é uma sessão espírita! Quer dizer... quer dizer...

— Por favor, tenha calma. Essa é a realidade.

— Eu estou morto! Eu morri! Por isso ninguém me via ou ouvia! Eu estou morto!

— Já lhe disse que a morte não existe e você está vivo, possui um corpo, próprio do plano em que vive agora, e falando conosco.

— Me ajudem, por favor! Meu Deus, me ajude a suportar isto! Me ajude, Jesus! Mas por que atiraram em mim? Devem ter me confundido com alguém. Não tenho inimigos...

— Pode crer, meu irmão, como já lhe disse, que nada acontece por acaso, sendo tudo um grande e profundo aprendizado. Nós já vivemos muitas encarnações, já erramos muito e, por vezes, temos que passar por experiências para aprendermos. Dessa forma, somos atraídos pela força das coisas e da vida, que nós mesmos edificamos, a fim de aprendermos com os reveses e as dificuldades.

— Não estou entendendo! Não estou entendendo!

— Você vai entender se permitir que o ajudemos e se, realmente, desejar a nossa ajuda e, principalmente, o auxílio de Deus e de Jesus.

— Quero que me ajudem, sim.

— Então, por favor, acalme-se e peça a Deus que o auxilie, como filho muito amado que é Dele, nosso Pai e Criador. Peça, meu irmão, e logo, logo, tudo irá entender. Peça que o ajude a ver os Espíritos que irão acolhê-lo. Não os conseguia ver porque não havia, ainda, percebido que já havia desencarnado.

O Espírito permanece alguns segundos em silêncio, enquanto enfermeiros do espaço lhe ministram medicamentos fluídicos e balsamizadores.

— Meu Deus, eu Lhe imploro auxílio. Permita que eu veja os que querem me ajudar.

— Isso mesmo, meu amigo e irmão de todos nós. Agora, queira, realmente, e procure ver os que se encontram nesse mesmo plano espiritual que você.

— Já estou vendo e me sinto mais calmo. Com muito sono, também.

— Então, procure dormir. Entregue-se a esse sono que passa a dominá-lo e confie na Espiritualidade Maior que trabalha em nome de Deus e de Jesus.

Mais alguns segundos se passam e o Espírito é levado por enfermeiros especializados nesse tipo de socorro.

Mais algumas comunicações ocorrem, algumas como essa, de auxílio, e uma do dirigente espiritual da casa, trazendo palavras de ânimo para o trabalho no Bem.

E a reunião termina e todos os participantes, depois de sentida prece de agradecimento, retornam aos seus lares, felizes pelo dever cumprido, no auxílio ao próximo, em nome de Jesus.

10. A preocupação

O DIA TÃO ESPERADO por Arlete finalmente chega. É domingo e Palô vai voltar. A menina não cabe em si de contente.

— Será que Palô vai chegar agora cedo, mamãe?

— Não sei, filha. Seu Orlando foi ontem e, conforme nos disse, voltarão hoje, mas não informou a hora em que irão chegar.

A menina pensa um pouco e dispara:

— Tive uma ideia, mamãe.

— Que ideia?

— Podemos pedir para o papai ir até o bar do seu Manuel, que é o local onde os ônibus param, e perguntar a que horas chega o ônibus em que eles vêm.

— E que diferença isso fará, Arlete?

— É que se eles chegarem antes de escurecer, nós podemos ir esperar no bar.

— Penso que seu pai não vai gostar dessa sua ideia, filha.

— Por favor, mamãe, fale com ele.

— O que é que você quer que mamãe fale para mim, princesa?

— Ela quer que eu lhe peça para ir até o bar do seu Manuel perguntar a que horas chega o ônibus em que Palô virá.

O homem sorri, meneia a cabeça, como quem não vê outra alternativa senão atender à filha, e diz:

— Só se você for comigo, princesa.

— Oba!

— E se tomar um sorvete com papai e mamãe.

— Comigo? Mas tenho que fazer o almoço.

— Você está com fome, Arlete? – pergunta Sávio, dando uma piscadela cúmplice para a menina.

— Eu não. Vamos, mamãe?

— Está bem, mas não podemos demorar muito. Esperem um pouco, pois preciso trocar de roupa e dar um jeito em meus cabelos. E você, garotinha, trate de pentear os seus e pôr uma sandália.

— É pra já! Oba!

– O que deu em você, Sávio? Pensei que não fosse concordar.

– Pensando bem, o que nos custa, não é? Arlete está muito ansiosa.

– É verdade.

– A propósito, você falou com dona Maria a respeito de Isabel vir brincar à tarde com eles?

– Falei e ela concordou, desde que a menina faça, primeiro, a lição da escola.

– É justo. E você lhe explicou o motivo?

– Não podia dizer, Sávio. Dona Maria é muito amiga de Maria José.

– Entendo.

– Apenas lhe disse que gostaria que Arlete brincasse com uma menina também, e que Isabel poderia lhe entusiasmar com a ideia de ir à escola ano que vem.

– Você lhe falou sobre Palô? Que ele virá, também, brincar?

– Eu falei, sim. Inclusive, quando lhe disse que queria que Arlete também brincasse com uma menina, comentei que, até agora, ela só tem brincado com ele.

– E ela?

– Disse que isso seria bom para as duas, que praticamente têm a mesma idade e que Isabel também não tem tido com quem brincar, ultimamente, tendo em vista a nossa rua não ter crianças da idade dela. Quanto a Palô, comentou que também seria bom para ele e que tem muita pena do menino, por causa dos seus problemas.

– E vocês já combinaram alguma coisa?

– Amanhã mesmo, Isabel virá. Por volta das duas e meia da tarde.

– Ótimo.

– Sabe, Sávio, ando muito preocupada com tudo isso. Na verdade, não consigo pensar em outra coisa e tenho muito dó do menino.

– Tudo vai dar certo, Mércia. Fique tranquila.

– Mas sinto medo, não sei por quê. Principalmente depois do que você falou sobre a possível dependência. Arlete tem um coração muito generoso e receio que ainda irá sofrer por causa desse garoto.

– Nada como um dia depois do outro, querida. Penso que não se deve sofrer por antecipação, sem saber o que pode acontecer. Façamos o melhor e aguardemos. Além do mais, nossa filha vai crescer, vai se relacionar com outras garotas da idade dela, ter os seus sonhos e Palô, se Deus quiser, irá conseguir superar as suas dificuldades. Pode até ser que essas suas limitações sejam passageiras. Quem sabe?

— Ouvindo você falar assim, me acalmo. É... Talvez tenha razão...

Sávio fica satisfeito por ter conseguido tirar um pouco da preocupação da esposa, mas, no fundo, tem um pressentimento estranho que lhe traz uma certa agonia.

Ao chegarem ao bar de seu Manuel, estaciona o carro em frente, desce e vai falar com o homem, perguntando-lhe qual ônibus virá da cidade onde Orlando, Maria José e Palô se encontram, a que horas o veículo chega e, ao retornar, percebe a ansiedade da filha pela notícia.

— E, então, papai, a que horas eles chegam?

— Às quatro horas da tarde.

— Oba! Palô vai chegar! Palô vai chegar! Nós não podemos vir buscá-los de automóvel, papai?

— Não, filha, mas vamos ficar com os ouvidos bem atentos, pois lá de casa dá para ouvirmos quando chegarem. E quando isso acontecer, e se não for muito tarde, porque, às vezes, o ônibus pode atrasar, daremos a eles um bom tempo para que desfaçam as malas, tomem um banho, jantem e, somente depois, levaremos você para vê-lo. Uma visita bem rápida, está certo? Porque, com certeza, deverão estar cansados da viagem e precisam descansar. Combinado?

– Combinado, papai.

– Mas, se chegarem tarde, não iremos incomodá-los, e não quero ver você chorando, está bem?

– Se for muito tarde, Arlete, amanhã, depois do almoço, iremos buscar o Palô para brincar. Isabel também virá brincar com vocês.

– Verdade, mamãe?

– Sim, já falei com dona Maria e ela concordou.

– Você é um anjo, mamãe.

– Agora, vamos aos sorvetes.

– Aos sorvetes!

E os três se dirigem até uma sorveteria, onde são servidos por dona Florinda, a proprietária.

— Mas que prazer recebê-los aqui, doutor Sávio, dona Mércia e... meu Deus, esqueci-me do nome da linda garota...

— Arlete, dona Florinda.

— Tudo bem, Arlete? Quantos anos você tem?

— Seis anos.

— Meu Deus, como o tempo passa rápido! Quer dizer que no ano que vem irá para a escola?

— Irei, sim.

— Procure estudar bastante, filha. O estudo é tudo. Sem estudo, ninguém vence na vida.

Nesse momento, um pedinte aproxima-se da porta da sorveteria e estende a mão para Sávio que, compadecido, lhe dá algumas moedas.

— Veja esse homem, Arlete – continua a mulher –, com certeza, não estudou e olhe o que lhe aconteceu. Tem que pedir esmolas para poder comer e nem tem onde ficar, onde dormir.

— Mas ele tem que dormir... – diz a menina, bastante impressionada com o que ouve. – Onde ele dorme?

— Dorme nos fundos da estação.

– Ele não possui nada?

E a mulher, no intuito de mostrar à menina a importância do estudo, dá o golpe de misericórdia, chamando o pobre coitado que ainda se encontra a apenas alguns passos:

– Ei, homem! Volte aqui!

– Pois não, senhora... – responde, voltando-se.

– Diga-nos: você possui alguma coisa de seu?

– Não, senhora. Nem esta roupa que visto é minha. Para ser minha eu teria que tê-la comprado. E eu, poucas vezes consegui comprar alguma coisa. Eu ganhei esta roupa.

– Você nunca trabalhou?

– Alguns pequenos serviços, senhora.

Sávio e Mércia se encontram muito preocupados com o rumo da conversa, mas tudo está acontecendo tão rápido, que não conseguem sair dali e nem pôr um fim naquele diálogo. Percebem que Arlete se encontra impressionada, e até sabem o porquê.

– Você nunca conseguiu um emprego?

– Não, senhora.

– Poderia nos dizer qual o motivo?

– Dona Florinda... – chama Mércia, tentando fazê-la parar, mas a mulher, achando que está fazendo um grande bem para a menina, lhe dá um sinal com a mão, pedindo um tempo e dispara, novamente:

– Poderia nos dizer por quê?

– Porque... – responde o homem, agora aparentemente envergonhado. – Para se ter um emprego é preciso saber ler e eu nunca aprendi. Até para ser auxiliar do mais simples operário, tem que saber ler.

Sávio sabe que, na verdade, aquele homem poderia estar trabalhando num serviço braçal, para o qual não haveria tanta necessidade de saber ler e escrever. Que, com certeza, talvez não tivesse tanta vontade de trabalhar, mas resolve não falar nada para evitar algum tipo de discussão com ele.

– E por que nunca aprendeu a ler e a escrever?

O homem suspira, e responde:

– Até que tentei, mas nunca consegui. Dizem que tenho a cabeça fraca.

– Está vendo, Arlete, por que tem que estu-

113

dar? Para não ficar assim como esse infeliz. E você não tem nenhum atraso mental.

Sávio levanta-se e, dirigindo-se até o pedinte, lhe estende mais algumas moedas e uma cédula e lhe diz, com muito respeito:

– Pode ir agora, senhor. Vá em paz.

– Que Deus lhe pague pelo auxílio, doutor – agradece, retirando-se em seguida.

– E, então, menina linda, que sorvete vai querer?

– Eu não quero sorvete...

– Não quer? O que você quer?

– Venha, Arlete – convida a mãe, dando as mãos para ela e saindo da sorveteria, seguida por Sávio, que ainda diz à senhora para desculpar, alegando que são coisas de criança. E quando já estão dentro do automóvel, quase partindo, dona Florinda diz para consigo mesmo:

– O que será que deu nela? Será que falei algo que não devia?

E, dando de ombros, volta para detrás do balcão.

Dentro do carro, a garota começa a chorar

bem baixinho, não aquele choro de criança que foi contrariada, mas lágrimas de muita tristeza. Sávio e Mércia nada dizem, procurando deixar a filha chorar um pouco, fazendo de conta que não a estão ouvindo, até estacionar o carro defronte da casa.

— Vamos entrar, filha? – convida Mércia. – Tenho que preparar o almoço.

— Vamos – responde a menina que, naquele momento, aos olhos da mãe, parece possuir mais idade ao demonstrar uma séria preocupação em seu rostinho infantil. Entrando em casa, Arlete começa a caminhar em direção ao seu quarto, mas o pai a chama:

— Arlete, venha cá com o papai – convida, sentando-se no sofá da sala. – Você também, Mércia, sente-se ao meu lado.

E, pegando a menina no colo, a abraça, recostando sua cabecinha em seu peito. A menina dá um soluço e lágrimas rolam por sua face.

— Sabe, filha, sei o que você está pensando, mas devo lhe dizer que não deve se preocupar com essas coisas.

— Eu conheço aquele homem, filha – diz Mércia. – Ele não tinha família. Não tinha um pai, como seu Orlando, nem uma mãe como Maria José e nem tios, não tinha ninguém. Além do mais, quem disse a você que o seu amiguinho não vai aprender a ler e a escrever? Talvez demore um pouco mais, mas vai acabar aprendendo.

– Você também acha, papai?

– Lógico, filha.

A menina pensa um pouco e faz crucial pergunta:

– O senhor nunca vai deixar ele pedir esmolas, papai?

Sávio olha para a esposa que, com um imperceptível sinal no olhar, lhe pede para que diga à filha o que ela quer ouvir.

– Não, Arlete, papai nunca vai deixar ele pedir esmolas, pode ficar tranquila.

– Obrigada, papai. Obrigada, mamãe – agradece, abraçando e beijando os dois.

– Agora, vou fazer aquela macarronada! – anuncia Mércia.

– Que bom! Estou morrendo de fome. E você, filha?

– Agora estou com fome, também.

– Enquanto isso, filha, vá buscar aquele seu jogo.

– Dominó, pai?

– Esse mesmo. Quero ganhar de você.

– Ontem, o senhor perdeu.

– Com essa sua memória de elefante...

– Elefante tem boa memória, pai?

– Dizem que tem e você também, pois sabendo as pedras que possui e vendo as que estão na mesa, rapidamente já sabe as que se encontram comigo.

– Mas isso é muito fácil.

– Então, vai logo buscar esse jogo.

11. O retorno de Palô

DEPOIS DO ALMOÇO, Arlete vai para seu quarto brincar com suas bonecas, com as quais sempre mantém um diálogo, como se fossem suas filhas ou, ainda, suas amiguinhas, dependendo da brincadeira. E tão entretida se encontra, há pouco mais de uma hora, sempre conversando com elas, que Sávio e Mércia resolvem chegar perto da porta para ouvirem o que a menina tanto fala.

– Não se preocupe, Betinha – diz para uma delas –, logo Palô vai chegar e vamos ficar sabendo se ele está triste com a morte de sua vovó.

– Sabe que estou muito preocupada com ele, Arlete? – diz a menina, mudando a voz, como se Betinha estivesse falando com ela.

– Preocupada com o quê, minha amiguinha? – pergunta Arlete.

– Será que Palô vai conseguir aprender a ler e a escrever?

– Também me preocupo, Betinha, mas nós podemos ajudá-lo.

– Como? Não somos professoras.

– Já sei. Todo dia, ao voltarmos da escola, à tarde, brincaremos de escolinha e faremos ele treinar bastante.

– Pode ser que dê certo.

– Mas é claro que vai dar certo! É como andar de bicicleta. No começo, a gente leva alguns tombos, mas depois acaba aprendendo, não é mesmo?

– Não sei, não. Ele já tem seis anos e ainda nem consegue falar direito. Já teve bastante tempo para aprender.

– Acho que o problema dele é na língua. E para aprender a ler e a escrever, não precisa usar a língua.

Nesse momento, Sávio afasta a esposa da porta para poder lhe falar, sem que a menina os ouça.

– Mércia, você está entendendo essa conversa de Arlete com a boneca?

– O que você acha?

– Penso que é uma maneira, ou melhor, na

verdade, ela está conversando consigo mesma, tentando se convencer de que o amiguinho poderá ler e escrever para poder trabalhar e não vir a ser um pobre coitado como aquele que viu na sorveteria.

— Você tem razão. Pobre Arlete, com apenas seis anos e com um problema dessa natureza – diz Mércia, angustiada. – Temos que encontrar uma solução, Sávio.

— Vamos voltar a ouvi-la.

E o casal retorna para perto da porta.

— Tenho uma ideia – diz a boneca Betinha, pela voz de Arlete.

— Uma ideia?

— Sim. Vamos examinar a sua língua e ver se ela é igual à nossa.

— Uma boa ideia!

Nesse momento, o cuco, relógio de parede, anuncia quatro horas da tarde e a menina guarda as bonecas, dizendo:

— Depois nós continuamos a nossa conversa. Agora vou esperar o Palô, que já deve estar chegando de ônibus.

Sávio e Mércia se afastam da porta, retornando à sala.

– Papai! Mamãe! Posso ficar na calçada para esperar o Palô?

– Nós combinamos diferente, filha. Você se esqueceu?

– É verdade. Nós combinamos que, depois que eles chegassem, iríamos esperar um tempo até que eles guardassem as coisas da mala e tomassem um banho.

– Isso mesmo.

– Vou brincar mais um pouco com as minhas bonecas, então.

– Vai, sim, filha.

Passam-se alguns minutos e Sávio decide dar uma olhada na filha, para ver o que ela está fazendo, pois não ouviram mais nenhuma conversa no quarto. Desta vez, a porta está encostada. Abre-a devagar e ouve Arlete falar baixinho com uma das bonecas, ajoelhada numa cadeira, perto da janela que dá para a rua.

– Você ainda não viu nada, Betinha?

– Ainda não – "responde" a boneca –, acho que o ônibus está atrasado.

– Mas não demora e vamos ver Palô passar.

– E se ele vier pelo outro lado?

– Não tem importância. Ouviremos o barulho do portãozinho.

– Bem pensado, Arlete – "concorda" Betinha.

– O que você está fazendo aí, filha? – pergunta o pai, fingindo que havia aberto a porta naquele instante, pois a menina ainda não havia notado que ele estivera ali, segundos antes.

– Estou esperando Palô passar debaixo da janela.

– Hummmm... Vamos fazer uma coisa?

– O quê, papai?

– Por que não nos sentamos na sala com a porta aberta? De lá poderemos ver se ele passa com seus pais.

– Oba! Vamos, sim. Você quer ir junto, Betinha?

– "Quero!"

Porém, nesse momento, antes de descer da cadeira, a menina informa ao pai, em voz baixa e um pouco nervosa:

– Ele está chegando! Vi quando ele, sua mãe

e seu pai passaram aqui. Preste atenção. O portãozinho vai abrir.

Realmente, logo em seguida, se ouve o ranger das dobradiças do pequeno portão e a voz do garoto falando algo que não dá para entender.

– Foi ele quem falou, Arlete?

– Foi, papai.

– Você entendeu o que ele disse?

– Não deu para entender porque sua mãe falou junto, mas deu para ouvir que ele disse o meu nome.

– Quem falou o seu nome, Arlete? – pergunta Mércia, que acabara de chegar ao quarto.

– Palô chegou – responde Sávio.

– Chegou? Então, vamos combinar o seguinte: às seis horas iremos até lá. Está bem, filha?

– Está bem, mamãe. Vou deitar um pouco com a Betinha. Se eu dormir, a senhora me acorda?

– Vou acordar você um pouco antes para tomar um banho.

* * *

– Sua mãe faleceu repentinamente, Maria José? – pergunta Mércia.

— Sim. Minha irmã me contou que ela estava se preparando para dormir e, de repente, perdeu os sentidos. Disse o médico que foi o coração e ficamos chocadas, porque ela sempre teve muita saúde. Era raro ela ficar doente e nunca reclamava de dor alguma. E trabalhava bastante.

— Cada um de nós tem a sua hora, não é?

— Isso é verdade.

— E como reagiu seu filho?

— Palô reagiu bem. Não me deu trabalho algum. Como já lhe disse, ele é um menino muito bom e obediente.

Maria José tem muita vontade de contar o que aconteceu com o filho com relação às suas vidências, como dizia Sônia, mas tinha receio de que achassem que ele estava vendo coisas, como um doente mental. Gostaria de falar também sobre o passe, mas não tem coragem, pois sabe que Sávio e Mércia frequentam outra religião e, por certo, não aprovariam esse tipo de coisa.

Enquanto Mércia e Maria José conversam, sentadas na cozinha da casa, Orlando fala a Sávio a respeito das pescarias que faz com um amigo num rio próximo à cidade, e Arlete e Palô brincam com uma pequena bola feita com uma meia velha, preenchida com areia, atirando-a em latas vazias, colocadas sobre uma tábua, a uma boa distância deles. E o menino parece se dar bem com o jogo, pois não erra uma só das tacadas, enquanto Arlete não acerta uma.

– Você joga bem, Palô! – grita a menina, entusiasmada com a habilidade do amiguinho.

– *Cê vá pendê* (Você vai aprender) – responde o garoto, com um inocente orgulho, e com uma, também, feliz sensação de a estar impressionando com o seu feito.

E os dois riem largamente com a brincadeira.

E não passa despercebida de Mércia essa habilidade que o garoto tem, produto de uma boa pontaria e perfeita noção de distância, chegando a atirar a bola cada vez mais distante dos alvos.

– Palô é muito hábil, dona Maria José.

E a mãe dele, que também estava observando a brincadeira, confirma:

– O que lhe falta na mente, sobra-lhe em habilidade. Não lhe disse que ele enxuga a louça e varre a casa?

– Sim.

– Pois acredite, dona Mércia, quando ele varre, não sobra um cisco. Ele é muito compenetrado e caprichoso.

– Sabe, dona Maria José, eu prometi uma coisa para minha filha, mas não consultei a senhora...

– E o que foi?

– Bem, eu combinei com ela que todo dia, por volta das duas horas da tarde, o Palô iria brincar em minha casa e convidei também Isabel, filha da dona Maria, da padaria, para brincar com eles.

– Mas a senhora não precisava me consultar, dona Mércia. E eu lhe agradeço de coração por isso – diz a pobre mulher, com os olhos marejados de lágrimas.

– A senhora está chorando?

– É porque fiquei contente. Eu achava que depois daquele dia em que esteve aqui com a Arlete e eu lhe contei sobre Palô, a senhora não iria mais permitir que sua filha brincasse com ele. Até comentei com Orlando e ele me disse que saberia compreender se isso acontecesse. E agora... A senhora é uma pessoa muito bondosa.

– O que é isso, dona Maria José...?

– Até andei um pouco triste estes dias, porque pensava: com quem Palô iria brincar? E penso que ele precisa se relacionar com outras crianças porque... sei lá... quem sabe, ele melhora, não?

– Também acho – responde Mércia, bastante comovida com o sofrimento da mulher. – Além do mais, minha filha gosta dele e sentiu muito a sua falta nestes dias. Só falava nele – confessa. – E pode ficar tranquila, que eu tomarei conta dos três.

– Nem sei como lhe agradecer. Sabe que uma senhora, patroa de minha irmã, me aconselhou a tentar ensiná-lo a pronunciar melhor as palavras? Vou tentar. Quem sabe?

– Pois deve tentar mesmo, e não desista fácil. Mas como é que poderia ser isso?

E Maria José relata como Sônia lhe ensinou a fazer.

– E eu não sei se a senhora acredita nessas coisas, mas essa patroa de minha irmã me disse também, para que eu o levasse a tomar uns passes no Centro Espírita – acaba revelando, mas omitindo que, na verdade, os passes seriam para amainar a mediunidade do menino.

– Eu nunca fui a um lugar desses, dona Maria José, mas sei que essa religião espírita prega a caridade e a necessidade de se fazer o bem, ajudando as pessoas necessitadas. Por isso, não vejo mal algum em levá-lo para tomar esses passes. Não custa tentar, não é?

– Pois fico mais sossegada. Pensei que a senhora fosse totalmente contra isso.

– Como já lhe disse, não sou contra e, mesmo que fosse, a senhora não teria que dar nenhuma satisfação a mim.

– É que existem pessoas que têm muito preconceito...

– Eu não. A senhora leva o seu filho aonde a senhora quiser, se é para tentar fazer o melhor por ele.

– A que horas a senhora quer que eu leve Palô até sua casa?

– Vamos fazer o seguinte: quando for para ir, a Arlete grita pelo muro, está bem?

– Para mim, está mais do que bom.

– Então, estamos combinadas.

12. Aprendendo a falar

NAQUELA NOITE, antes de dormir, Maria José senta-se com o filho na beirada de sua cama e lhe pede para que olhe para ela.

— Palô, preste atenção no que a mamãe falar e você repete, está bem?

— *Bã bincá?* (Vamos brincar?).

— Vamos brincar de você repetir o que eu lhe falar, está bem? E vou aproveitar essa brincadeira para lhe ensinar a falar direito.

— *Alá comu a Lé?* (Falar como Arlete?).

— Isso mesmo. Aprender a falar como Arlete.

— *Qéo pendê* (Quero aprender).

— Então, vamos começar com a letra "v", de vovó.

— *Fófó* (Vovó).

— Isso. Agora preste atenção na minha boca. Porque não é "fófó". É vovó.

O menino fica olhando para a mãe, bastante interessado.

– Veja com a mamãe faz com a boca.

E Maria José apoia os dentes superiores sobre o lábio inferior e sopra devagar e, em seguida, solta os dentes do lábio, emitindo o "v".

– Viu?

O menino concorda com a cabeça.

– Então, vamos tentar. Não é na primeira vez que vai conseguir, mas tente. Coloque assim: estes dentinhos sobre esta parte de baixo da boca – diz Maria José, auxiliando-o com os dedos. – Isso. Agora, sopre bem devagarinho.

– *vvvvvv*

– Isso! Agora, solte os dentinhos da boca, soprando, mas como se fosse falar.

– *vvvvv... vê*

– Meu Deus! Você conseguiu! – exclama, emocionada. – E na primeira vez!

– *vvvvv... vê.*

– Isso. Agora, ao invés de *vvvvv... vê;* faça *vvvvv... vô.*

E o menino, radiante de felicidade, mais por

estar agradando a mãe e por estar conseguindo, tenta e...

— *vvvvv... vô.*

— Tente agora: *vvvvv... vó.* Preste atenção: *vvvvvvó.*

— *vvvvv... vó.*

A mãe quase não acredita e tenta dar mais um passo:

— *vvvvv... vó; vvvvv... vó.*

E Palô, com a respiração já ofegante, motivada pela emoção, e com os olhinhos arregalados...

— *vvvvv... vó; vvvvv... vó.*

— Meu Deus! Agora, filho, sem ficar soprando antes. Vê se você entende. Veja como a mamãe faz. E Maria José leva novamente os dentes superiores sobre o lábio inferior e diz:

— *vó... vó.*

E não conseguindo mais se conter, chorando de felicidade, abraça o filho, após ele emitir o que lhe pediu:

— *vó... vó.*

Ainda nos braços da mãe, o menino continua, com grande alegria no coração:

– *vó... vó; vó... vó; vó... vó.*

Separa-se do abraço e, olhando fixamente para a mãe, diz:

– *Vóvó. Vóvó. Vóvó. Vóvó. Vóvó. Vóvó.*

E Maria José repete com ele, agora com o som do primeiro "o", fechado.

– Vo... vó.

E ele:

– Vo... vó.

– Vovó.

– Vo... vó.

– Vovó.

– Vovó.

– Obrigada, Meu Deus. Orlando! Orlando! Venha até aqui.

E nessa noite demoram para dormir ou, pelo menos, pelo tempo em que Palô, deitado em sua cama, continua, até cair no sono:

– Vovó... vovó... vovó... vovó...

E Orlando, fingindo já estar dormindo, consegue conter os soluços, mas não as lágrimas que brotam de seus olhos como uma verdadeira fonte de esperança.

∗ ∗ ∗

No dia seguinte, Maria José se levanta bem cedo e Palô ainda dorme. Faz o café e acorda Orlando para o trabalho. Enquanto comem, o marido não se contém e começa a chorar, coisa que, para a época, era difícil acontecer, pois raramente um homem chorava diante de outra pessoa.

Maria José o enlaça e lhe diz:

— Emoção, não é, Orlando?

— Muita. Será que Palô vai, mesmo, conseguir aprender a falar direito?

— Vai, sim. Ele tem muita força de vontade e eu vou me dedicar muito a isso.

— Mas será que hoje ele vai se lembrar e falar "vovó" novamente?

— Se não conseguir, ensinarei de novo.

Nisso, o menino aparece na porta da cozinha, ainda com os olhos um pouco inchados por ter acordado àquela hora. Olha para os pais, corre na direção de Orlando, lhe beija a face, e, depois, a mãe, como faz todos os dias.

– Bom dia, Palô – diz Maria José.

O menino olha fixo para ela, coloca os dentes superiores sobre o lábio inferior e pronuncia:

– Vovó.

Maria José e Orlando abraçam o filho e não conseguem mais conter as lágrimas.

– *Potê solano?* (Por que estão chorando?) *Alê elado?* (Falei errado?).

– Não, filho. Você falou certo e muito bonito. Sabe, às vezes, a gente chora quando está triste, mas, às vezes, chora quando está contente. E estamos muito contentes. Porque você falou certinho.

– *Télo pendê alá Lé* (Quero aprender a falar Arlete).

– Então, vou lhe ensinar. Hoje, só o final, porque é um nome mais difícil. Preste atenção. Fale "lé".

– Lé.

– Agora, o "te". Veja como a mamãe faz com a boca. A língua atrás dos dentes de cima. Isso. Agora, sopre assim e solte a língua. Procure fazer como a mamãe: "te"

E o menino imita Maria José:

– Te...

– Agora, diga" lé".

– Lé...

– Agora, "lé"... "te"

E Palô se concentra e diz:

– "Lé" "te".

– Viu como foi fácil? Se você já sabia falar "lé" e, agora, "te", foi só falar "lé" e depois, "te".

– Lé... te; Lé... te; Lé... te; Léte; Léte; Léte...

– Fale "vovó".

Ainda um pouco sem confiança, o menino volta a colocar os dentes superiores sob o lábio inferior e diz:

– Vovó.

– Agora Léte.

– Léte. Vovó. Léte. Vovó. Léte. *I aóla?* (E agora?).

– Vamos com calma, filho. Um pouco por dia. Vai falando essas palavras para aprender. À noite, mamãe lhe ensina mais.

– *Lé bincá ôe?* (Arlete vem brincar hoje?).

– Lé?! – pergunta Orlando.

– Ahn...! – exclama Palô e corrige: – Lé... te.

* * *

À tarde, quando Isabel chega para brincar, Mércia, a filha e a menina vão buscar Palô que, à chegada da amiguinha, grita, desde o fundo do quintal:

– Léte! Léte!

– Léte? – pergunta a menina?! – Ele falou Léte, mamãe! Ele falava Lé!

E o menino vem correndo.

– Vovó! Vovó! Vovó!

– Vovó? – pergunta Mércia, sorrindo.

– Ele falava "fófó" – explica Maria José, que vem chegando logo atrás de Palô. – Ele falava "Lé" e "Fófó" e, ontem mesmo, eu o ensinei a falar da maneira correta, quer dizer, "vovó", ontem à noite, e "Léte", hoje de manhã. E ele não esqueceu. Depois o ensino a falar Arlete corretamente.

– Que maravilha, dona Maria José – exclama Mércia. – Você está conseguindo!

E a mãe do garoto lhe explica como foi que fez e que, aos poucos, vai tentar ensiná-lo a falar outras palavras.

– Ele vai aprender, sim, dona Maria José. Se, ontem à noite, ele falou uma e hoje, outra, meu Deus, a senhora vai conseguir!

– Sinto que vou, dona Mércia, e Deus vai me ajudar.

– Bem, crianças, vamos lá para a minha casa?

– Vamos – responde Arlete. – Venha, Isabel! Venha, Palô!

13. O inesperado

O TEMPO VAI passando e o garoto, a cada dia, aprende a pronunciar uma nova palavra, até que acaba por assimilar tão bem o método que, muitas outras, aprende por si mesmo. E o progresso é tamanho que, ao cabo de três meses, já consegue falar quase que corretamente. Somente ainda não consegue formar frases completas. Normalmente, se atrapalha com a conjugação verbal e deixa de utilizar muitas preposições, advérbios e pronomes, apesar de se fazer entender.

Mas Maria José tem muita esperança de que o filho, com o passar do tempo e ouvindo outras crianças falarem, acabe aprendendo.

Também tem levado Palô para tomar passes, duas vezes por semana, e tem procurado ler livros sobre a Doutrina Espírita, principalmente a obra *O Evangelho Segundo o Espiritismo*, de Allan Kardec, a qual lê em voz alta numa noite da semana, junto com o marido e o filho.

Tanto Maria José quanto Orlando possuem alguma dificuldade para entender tudo, tendo em vista o pouco estudo que possuem, mas, mesmo assim, conseguem compreender, principalmente, os ensinamentos de Jesus.

E no Centro Espírita disseram a ela que, se lesse em voz alta, Espíritos necessitados seriam beneficiados com o que ouvissem. Também têm participado de um curso sobre Espiritismo ministrado no Centro que frequentam, enquanto Palô fica com as outras crianças, filhos de frequentadores, em uma sala, onde uma senhora dá aulas de evangelização infantil, uma maneira pedagógica de ir aprendendo a Doutrina dos Espíritos e lições de moral cristã. E por eles estarem fazendo dessa maneira, Palô nunca mais teve visões.

Porém, mais um mês se passa e uma desgraça e um grande sofrimento se abate sobre aquele lar.

Numa manhã, Orlando estava em seu trabalho, varrendo a praça principal da cidade, quando sente aguda dor na região do abdome, sentando-se no chão imediatamente e solicitando ajuda a um seu conhecido, que por ali passava.

Ele já vinha sentindo essas dores havia muitos dias, mas nada comentara com Maria José ou outra pessoa, supondo ser algo passageiro. E ao dar entrada no pronto-socorro do hospital, levado por esse amigo, que providenciara uma condução para transportá-lo, assim que foi examinado pelo médico, foi levado às pressas para a sala cirúrgica. Um verdadeiro corre-corre. Mais um médico é chamado para auxiliar na cirurgia e o amigo que o socorrera ainda ouve quando o cirurgião informa a um dos enfermeiros:

— Com toda certeza, apendicite aguda.

*

— Palô, sente-se aqui. Mamãe precisa conversar com você.

— Por que mamãe chorando?

— Porque mamãe está triste, filho.

— Por que mamãe triste?

Maria José pensa um pouco, pede, mentalmente, ajuda a Deus e aos Espíritos, e fala com o filho, procurando uma maneira simples de expressar o que tem a dizer, a fim de que ele possa compreender.

– Mamãe tem dito sempre, e também você já deve ter ouvido na Evangelização, que foi Deus quem nos criou e que nós estamos vivendo aqui, desta maneira, apenas por pouco tempo e que, um dia, quando Deus achar que é hora, vamos voltar para o mundo dos Espíritos, onde é o nosso lugar. E que cada um de nós irá na hora que tiver que ir e que, um dia, os que não foram ainda, irão também e se encontrarão com os que já foram.

– Vovó foi.

– Isso mesmo. E, com certeza, ela encontrou lá o vovô que já tinha ido antes. Você está entendendo, filho?

– Quando morre...

– Quando o corpo morre, o Espírito continua. Você se lembra da vovó indo com a tia Justina?

– Hum, hum.

– Mas é importante que a gente saiba que só vamos quando Deus quiser. Nós não podemos fazer nada para apressar essa ida. Você está me entendendo, Palô?

– Sei. Mulher Centro disse ninguém se matar. Vai lugar ruim.

– Isso mesmo, filho. Você entendeu bem. E se isso acontece e vamos para um lugar ruim, não encontraremos as pessoas que já foram e de quem nós gostamos. Entendeu? – insiste Maria José.

– Não se matar. Vai lugar ruim.

– Muito bem, Palô. Agora, preste atenção. Aconteceu que Deus achou que era hora do papai voltar para o mundo dos Espíritos.

– Papai morreu...? Vai vovó...? Vai vovô...? – pergunta o menino, demorando um pouco para compreender.

– Isso mesmo – confirma a mãe, reunindo todas as forças para não cair em desesperado pranto. – Eles vão se encontrar.

– Papai caixão, igual vovó?

– Papai no caixão.

– Palô ver papai igual vovó?

– Acho que não, filho. Você já cresceu um pouco e não vê mais. Mas não tem importância.

– Homens de branco levam ele?

– Levam. São homens bons e amigos do papai.

– Palô triste.

– Eu sei, filho.

Dizendo isso, Maria José abraça o menino e, aliviada por ter tido a coragem e a capacidade de dizer a ele, agradece a Deus e aos Espíritos que, com certeza, a auxiliaram e, enfim, libera toda a dor, irrompendo em lágrimas. Lágrimas que se juntam às de Palô, nesse momento de cúmplice sofrimento de mãe e filho.

✳ ✳ ✳

Ao término do sepultamento, Sávio e Mércia, acompanhados pela filha, trazem Maria José e Palô de automóvel e os levam para sua casa, servindo-lhes substanciosa sopa, preparada por Lúcia, a empregada.

Terminada a refeição, Sávio pede a Maria José que ouça o que ele tem a lhe dizer.

– Sente-se aqui na sala, Maria José. Arlete, leve Palô para brincar com você em seu quarto.

O garoto, por sua vez, prefere permanecer junto à mãe, enquanto Arlete senta-se ao seu lado, segurando sua mão.

– Bem, Maria José, talvez o momento não seja tão propício para esta nossa conversa, mas sinto que você deva estar preocupada com o seu futuro e o do seu filho, e gostaríamos, eu e Mércia, de encontrar uma maneira de ajudá-la neste momento.

– Obrigada, Doutor Sávio e dona Mércia.

– Diga-nos, Maria José, você já tem ideia do que irá fazer a partir de agora?

– Ainda não sei direito, mas confesso que isso me preocupa muito. Minha irmã, Maria Clara, que nem pôde permanecer aqui, pois só veio ao velório e já apanhou um ônibus de volta, porque tem de trabalhar amanhã, me convidou para morar com ela, o que, inclusive, seu marido está de pleno acordo. Talvez seja a melhor opção. Ela me disse que tem uma amiga de dona Sônia, sua patroa, que está precisando de uma empregada doméstica. Como devem imaginar, a maior parte do pouco que ganhávamos vinha do salário de Orlando. O meu trabalho de lavar e passar dava apenas para pagar o aluguel da casa para o senhor que, aliás, já era muito baixo, no que eu lhes serei agradecida para sempre.

Enquanto Maria José dá essas explicações, Arlete a ouve assustada e com o coraçãozinho apertado. Dona Maria José e Palô vão se mudar para outra cidade? E, quase chorando, pergunta:

– A senhora vai embora com Palô?

Maria José olha para as duas crianças de mão-zinhas dadas e, somente agora, tanto ela, quanto Sávio e Mércia, percebem a angústia no rosto da menina. Palô ainda não se deu conta. Na verdade, seu pensamento vai longe. Pensa no pai e compreende que não vai mais vê-lo e seus olhos já se encontram marejados de lágrimas, o que faz com que pensem que ele também está sofrendo pela possível mudança de sua mãe.

Sávio, vendo-se envolvido por aquela situação difícil, sem pensar, faz uma proposta que Mércia estranha muito, pois não imaginava que o marido tivesse, assim, tanto desprendimento, e até se emociona.

– Dona Maria José, tenho uma proposta a lhe fazer.

– Pois não...

– Mércia me disse, dias atrás, que Lúcia, nossa empregada, irá trabalhar para nós por apenas mais duas semanas, porque pretende ir com o marido para a capital. Disse-nos ela que ele irá trabalhar na matriz da fábrica, para a qual trabalha aqui.

Nesse momento, Sávio percebe que está sendo precipitado, pois não falara nada com a esposa. Na verdade, foi um impulso que teve, movido pelo sentimento das crianças e até mesmo para, de alguma forma, ajudar a pobre senhora. Então, olha para a esposa e diz:

— Desculpe, querida, estou falando sobre algo que ainda não conversamos.

Mércia sorri, satisfeita, e lhe responde:

— Tudo bem, Sávio. Imagino o que esteja pensando e devo lhe dizer que já estava com essa ideia desde que soube que Maria José ficara viúva. Se está pretendendo propor-lhe para vir trabalhar conosco, pode continuar.

— Pois é isso, dona Maria José. Sei que a senhora é uma pessoa muito honesta, trabalhadora e eu lhe ofereço o emprego de doméstica aqui na minha casa, onde a senhora e Palô poderão se alimentar e também não precisará mais me pagar o aluguel da casinha onde vai continuar morando. Creio que iremos lhe pagar quase ou, talvez, o mesmo tanto que Orlando ganhava com seu serviço. Pronto. É isso.

Mércia aperta o braço de Sávio, num nítido e compreensível sinal de aprovação, enquanto Maria José, muito emocionada, abraça o filho e lhes diz:

– Que Deus os abençoe, Doutor Sávio e dona Mércia, pela felicidade que estão me proporcionando.Tenho certeza de que Orlando, esteja onde estiver, se ajoelha agradecido à bondade de vocês para comigo e, principalmente, para Palô, o seu filho do coração.

E antes que a emoção do momento viesse a embaçar a visão dele e de Mércia, com teimosas lágrimas, difíceis de controlar, Sávio encerra a sua parte na questão:

– Dessa forma, dona Maria José, daqui por diante, o assunto é seu e de Mércia. Combinem o que fazer. De minha parte, sugiro que a senhora comece amanhã mesmo para que Lúcia a coloque a par dos serviços da casa.

Dizendo isso, se levanta, com a intenção de deixar as duas à vontade, mas, antes que saia da sala, Arlete o abraça pelas pernas. Sávio se abaixa e pega a menina que, em seu colo, o beija repetidas vezes. Apesar dos seus apenas seis anos de idade, já consegue compreender, e muito bem, a atitude do pai.

E assim, já no dia seguinte, Maria José inicia o seu trabalho, o que, por consequência, mais ainda aproxima Arlete do menino, que acompanha a mãe, passando, praticamente, todo o dia na casa da amiguinha.

14. Creptus

ESTRANHA REUNIÃO se opera nas sombras, onde se reúnem nove Espíritos, entidades malévolas, como que a prestarem contas de seus atos.

Todos se encontram sentados ao redor de uma mesa comprida, de forma triangular, sendo que, o que comanda a reunião senta-se no lado da base do triângulo, como se não permitisse a nenhum outro, posição equivalente à sua.

Vestem-se com pesados mantos e capuzes a lhes cobrirem a cabeça, dando-se a ver apenas os olhos avermelhados.

O local mais lembra o de uma caverna, nas entranhas da Terra, iluminado apenas por poucos archotes.

O que comanda a reunião encontra-se bastante encolerizado com o resultado a ele apresentado por seus asseclas.

– Não adianta discutir! Vocês falharam! E continuam falhando!

– Ainda ousamos insistir que não falhamos... – arrisca mais uma vez, um dos presentes.

– Como não?! Falharam, sim! Tenho uma tarefa a realizar! Tenho contas a prestar aos meus superiores e vocês querem me dizer que não falharam?! Se não falharam, por que não vejo resultados?!

– Porque não conseguimos mais ser vistos por ele. Aqueles malditos passes tiraram de nós essa possibilidade. E não temos culpa, chefe...

– Como não têm culpa?! São uns incompetentes, isso, sim! Será que querem retornar aos abismos?!

– Isso não, senhor!!!

– Pois é o que penso estarem querendo!!! Não há desculpas ou qualquer tipo de justificativa! Nosso alvo reencarnou com deficiência mental e não são capazes de agir contra ele! Não passa de uma criança de apenas seis anos! E não conseguem nada! Temos que encaminhá-lo ao mal, desde pequeno!

Todos se encontram muito temerosos pelo castigo, inclusive Creptus, o chefe, já que também tem de, periodicamente, prestar contas a um superior, numa reunião igual a esta.

Nesse momento, um dos Espíritos que se mantivera em silêncio até aquele momento, pede a palavra, sendo ouvido com mais atenção pelo chefe, tendo em vista sua grande experiência em obsessões dessa natureza.

— O que ocorre, chefe, e o senhor sabe muito bem disso, é que já é bem difícil essa tarefa de agir sobre crianças e, especialmente, sobre esse nosso alvo, pois, apesar de sua pouca idade, possui bem forte o tolo sentimento do Bem, encontrando-se bastante ligado, mentalmente, aos "das luzes", que o protegem. Esse é o grande motivo da quase impossibilidade de agirmos sobre ele. Fora o fato de ser muito pequeno, ainda.

— Mas essas são as ordens de nossos superiores! Eles nos ordenaram mantê-lo sob nosso controle, desde sua infância!

— Respeitamos a obediência que devemos ao senhor, nosso chefe, e sabemos de sua responsabilidade junto aos superiores, porém, se me permite uma sugestão...

Creptus esbraveja, mas sabe que o que mais necessita, no momento, é de uma boa ideia para aplacar a provável fúria daqueles a quem deve obediência.

– Sugestão!!! Sugestão!!! E que sugestão é essa?!

– Senhor, quando eu falei na "quase impossibilidade de agirmos sobre ele", não o disse em vão. Como o senhor também o sabe, é muito mais fácil agirmos sobre um alvo, quando este atinge a adolescência, pois podemos abatê-lo através de suas próprias fraquezas. E, nesse caso, sem a sua vidência, será mais fácil agirmos sem que nos veja. Geralmente, a presa é mais fácil quando não nos vê e a obsessão é mais eficaz. No caso em questão, nosso alvo apenas possui um certo atraso na inteligência, aliás, atraso solicitado por ele mesmo, quando de sua reencarnação, num estúpido pedido para voltar à Terra, com cérebro parcialmente incapaz.

– Na também estúpida tentativa de resgatar erros e de, pasmem vocês, de aprender.

– Isso mesmo. E como ia dizendo, ele muito irá sofrer com a inevitável discriminação e o preconceito e daí, sim, será possível desviá-lo do caminho do cordeiro. Além do mais, para justificar-se perante seus superiores, poderá lhes relatar o que lhe informei e também dizer-lhes que estamos trabalhando intensamente para que o menino, no futuro, em sua adolescência, venha a sofrer muito através do amor por uma mulher.

— Por uma mulher? Mas como, com essa sua deficiência mental?

— E o que é que tem isso? Já realizamos muitos trabalhos nesse sentido.

— Pois lhe digo:você é quem irá comandar todo esse trabalho. E não me falhe, ou já sabe o que o espera e aos outros.

— Pode confiar, chefe.

— Nossos superiores são implacáveis!

— Tenho plena consciência disso, senhor.

— E quanto à mãe do garoto? Vê possibilidade de atuar sobre ela?

— Ainda não. Trata-se de um alvo muito difícil, também.

— Como assim?!

— É uma pessoa que não se deixa envolver pelos apelos da vaidade, do egoísmo, fazendo verdadeiro culto à humildade e à simplicidade.

– Mas, então, como pode ter tanta certeza da vitória sobre nosso alvo principal?

– Ainda está em formação, senhor, e isso o torna bastante suscetível de ser influenciado, pois o sofrimento traz a revolta e a revolta propicia rompimentos com o cordeiro.

– Sofrimento pelo amor de uma mulher?

– Isso mesmo.

– Mas, pelo que vejo, sua mente se encontra bloqueada às sugestões – insiste, ainda, Creptus, bastante preocupado, pois tem o mesmo medo de falhar.

– No que estou planejando, sou especialista, chefe. E não se esqueça de que quando não conseguimos atingir o alvo de nossos propósitos, acabamos atingindo os que o cercam.

Creptus começa, então, a aceitar a ideia daquele Espírito, apesar da grande preocupação que o faz estremecer só em pensar nas consequências que uma derrocada em uma missão pode lhe proporcionar. Mas não vê outra saída, além do que, necessita de uma justificativa e um novo plano para levar ao conhecimento de seus chefes.

– Está bem, vou dar a você e aos outros mais

uma chance! E mantenham-me informado de tudo! Se preciso for, tomo parte nesse trabalho! Estão dispensados!

E encerra a reunião, retirando-se e murmurando, com muito ódio:

– Não vai adiantar se esconder por detrás dessa mente atrasada, meu caro. Vai sofrer o dobro do que me fez sofrer, e aos meus superiores! Isso eu juro! Pelo poder das trevas!!!

15. A escola

MAIS TRÊS MESES se passam e é janeiro. Em breve, mais precisamente em fevereiro, terão início as aulas e Arlete não fala em outra coisa.

– Dona Maria José, Palô vai comigo à escola, não é? A senhora já fez a matrícula dele, não?

– Palô escola – diz o garoto, já conseguindo falar de maneira correta as palavras, mas, ainda, sem conseguir formar por completo as frases.

– Já fiz, sim, Arlete – responde a mulher, muito preocupada com o desenrolar dessa nova etapa da vida do filho querido. Na verdade, fez a matrícula mais para atender à menina e ao garoto, mas tem dúvidas quanto a isso e já sofre por antecipação, pois imagina que Palô irá passar por muitas dificuldades. Não acredita que ele venha a ter o desempenho necessário para poder frequentar uma escola.

E lhe volta à lembrança, uma conversa que ouviu entre Isabel e Arlete quando estavam brincando de escolinha, num momento em que Palô não estava junto a elas:

– Arlete, não dá mais para brincar de escolinha com Palô! Ele nem consegue segurar o lápis direito e quando consegue nem é capaz de fazer um círculo. Como é que ele vai aprender a escrever? Você tem a mesma idade que ele e já consegue até escrever seu nome e algumas palavras, mas ele, nem uma "rodinha"! Bem que minha mãe me disse que ele era atrasado – diz Isabel e, abaixando a voz, como quem confidencia algo: – Ela disse que é um "debiloide".

– Não gosto que fale assim, Isabel. Nem todo mundo consegue aprender depressa as coisas. E eu lhe pergunto: quem consegue acertar as latas com a bola, sem errar?

– Mas é só isso que ele sabe fazer...

– Ele sabe fazer muitas coisas, sim! E é um garoto muito bom.

– Eu acho que ele é meio tonto.

– Não fale mais nada, Isabel, ou não brinco mais.

– Está bem! Está bem!

– E tem outra coisa: nem você e nem eu somos professoras. A professora da escola vai conseguir ensinar Palô. E para falar a verdade, já estou cansada de brincar de escolinha.

— E do que vamos brincar agora?

Nesse instante, o menino volta para o quintal e Arlete, olhando para ele, com pena, decide:

— Vamos brincar de atirar bola nas latas!

E Maria José se emociona com o carinho que a menina tem por ele, principalmente por essa sua decisão: a de brincar com algo que o menino tem facilidade.

* * *

Mais um mês se passa e chega o tão esperado dia para as crianças e um dos de maior sofrimento para Maria José: o primeiro dia de aula. Antes de ir trabalhar, Maria José veste o menino com a calça azul-marinho, que ela mesmo havia confeccionado, uma camisa branca, com manga curta, das duas que ela havia comprado e, tristemente, coloca dentro de uma sacola de pano, o material que a escola havia pedido, além de um sanduíche de pão com manteiga, que será o seu lanche. Nos pés, acostumados a andar descalços, um calçado de tecido azul, com solado de cordas. Seu coração se encontra apertado, angustiado, pois pressente grandes frustrações para o filho, que, ao contrário dela, se encontra entusiasmado com a nova experiência. E, conforme o combinado, Mércia se encarregaria de acompanhar os dois até a escola, a poucas quadras dali.

Não demora muito e ela, juntamente com Arlete, aparecem para apanhar o garoto. A menina está muito bonita, com um vestido branco, de saia armada, meias brancas, sapatos pretos e um grande laço no alto da cabeça, também impecavelmente branco, assim como o vestido.

Mércia se encontra num misto de felicidade pela filha, mas amargurada, assim como Maria José, por Palô.

— Vamos, crianças? — diz para os dois, fingindo animação.

Palô abraça a mãe, dá-lhe um beijo e, de mãos dadas com a menina, caminha contente em direção à escola.

Maria José permanece na calçada vendo o filho se distanciar e enxuga uma lágrima na ponta do avental.

— Meu Deus, ajude o meu menino. Sinto que vai ter início uma vida de muito sofrimento para ele.

164

Aquela manhã demora a passar. Maria José trabalha com lágrimas nos olhos, o que não passa despercebido de Mércia que, tendo, até aquele momento, procurado não demonstrar que a vê daquele jeito, não se contém e a abraça, fazendo-a sentar-se um pouco numa cadeira da cozinha, sentando-se ao seu lado.

— Acalme-se, minha amiga. Entendo perfeitamente a sua angústia, e o porquê dela, mas você deve dar tempo ao tempo. Quem sabe, Palô consegue?

— Eu não acredito, dona Mércia. E, mesmo que conseguisse escrever alguma coisa ou ler, ele tem o raciocínio muito lento. Se a senhora procurar reparar bem, e eu já fiz isso, ele parece ter o pensamento de uma criança de quatro anos e já está com sete.

— Arlete me falou que ele tem dificuldade para manusear o lápis e fazer figuras, mas que já demonstra alguma facilidade com os números.

— Isso é verdade, mas foi de tanto eu lhe ensinar. Já consegue contar até dez e já aprendeu um pouco a somar e subtrair quantias pequenas, menores que cinco. Até já fiz com que ele tivesse contato com dinheiro e soubesse que quando pagamos algo que compramos, muitas vezes, damos um valor maior do que custa e que o vendedor tem que nos devolver o troco.

– E ele?

– Parece ter compreendido. Ele disse que Arlete já sabe fazer isso.

– Sabe, dona Maria José, na verdade, a senhora está um pouco equivocada em comparar a capacidade dele com a de Arlete. Minha filha, ao contrário de Palô, é uma menina precoce e muito, mas muito inteligente. Creio que ela saiba até mais do que Isabel, que já foi para o segundo ano da escola. Arlete consegue escrever as poucas palavras que aprendeu com uma letra muito bonita.

– Já percebi isso.

– O que eu quero lhe dizer, é que a maioria das outras crianças também tem dificuldades, principalmente aquelas que nunca tentaram escrever.

– A senhora me deixa um pouco mais animada.

– Sabe, não quero criar nenhuma ilusão na senhora, porque conheço as limitações do menino, mas devemos acreditar, não?

– Acho que a senhora tem razão.

166

– Então, ânimo, e não chore mais. Não demora, as crianças estarão de volta e Palô não iria gostar de perceber que sua querida mamãe andou chorando.

Mais uma hora se passa e Mércia vai buscar as crianças, enquanto Maria José começa a arrumar a mesa da sala de jantar para o almoço. Sávio acaba de chegar e senta-se para ler o jornal, como é de seu costume, sempre que se encontra na cidade, trabalhando em seu escritório, localizado defronte à praça. Apesar dos insistentes pedidos do casal, Maria José prefere almoçar com o filho na cozinha, que é como ela entende que deva ser feito.

E as crianças chegam. Arlete abraça o pai e lhe conta a novidade, enquanto Palô dispara até a cozinha.

– E, então, filho, gostou da escola?

– *Fessora* bonita.

– Professora. Fale: professora.

– Pro... fessora.

– Muito bem. E o que você fez lá?

– A pro... fessora escreveu nome Palô no caderno. Olha.

E o menino abre a sacola e o retira, abrindo-o para que a mãe veja.

– Ela tem uma letra bonita. E essas letras: a a a a a a a?

Nesse momento, Arlete entra na cozinha com Sávio e Mércia, e vê o caderno nas mãos de dona Maria José.

– Você não copiou, Palô? – pergunta a menina.

O menino coça a cabeça, sem saber o que responder.

– Era para copiar, Arlete? – pergunta Maria José.

– Bem, eu não estou na sala em que ele está. Os meninos estão numa classe e as meninas em outra. A minha professora escreveu essas letras em todos os cadernos, depois, ensinou na lousa como se escreve e pediu para que todos tentassem fazer igual. E foi de carteira em carteira, pegando na mão das crianças para ensinar aquelas que tinham mais dificuldades.

– Você não quis fazer, filho? – pergunta Maria José, com muito carinho nas palavras.

– Não sabia.

– Você não sabia fazer ou não sabia que era para fazer?

– Não lembra – responde, atrapalhado.

– Não tem importância. Depois, a mamãe ensina você.

– Se a senhora deixar, eu ensino para ele. Já sei como se faz – diz a menina.

– Se você puder, Arlete. Eu não tenho letra bonita.

– Eu ensino, não é, Palô?

– Arlete ensina.

– Então, vamos almoçar – sugere Sávio, que já começava a imaginar as dificuldades do garoto.

Terminado o almoço, Palô, como sempre, e por insistência dele mesmo, varre a sala de jantar, a cozinha e a área de serviço, enquanto a menina descansa um pouco em seu quarto. Mais tarde, chega Isabel, e Arlete pede para a mãe uma folha de papel a fim de ensinar o amiguinho a escrever as letras. Não quer utilizar o caderno, sem antes ele aprender, para não terem que apagar muito.

– Preste atenção, Palô. Segure o lápis assim. Isso. Agora, vamos fazer a letra. Vou segurar a sua mão para você aprender. Encosta a ponta do lápis no papel, suba um pouquinho, fazendo uma curvinha, depois volta por cima até embaixo, agora, uma curvinha de baixo para cima, desce outra vez e faz um rabinho.

– Entendeu?

– Hum, hum.

– Faça você, agora. Pegue o lápis como eu ensinei. Encoste no papel. Isso. Suba o lápis fazendo uma curvinha. Não, Palô. Você subiu muito. Vamos começar de novo. Encoste o lápis no papel. Isso. Suba, fazendo uma curvinha. Não, Palô. Para o lado direito. Você foi para cima numa reta. Mais uma vez. Encoste o lápis no papel. Agora, preste atenção. Suba o lápis para este lado aqui, fazendo uma curvinha. Você precisa fazer a curvinha. Você fez certo. Foi para o lado direito, mas não fez a curvinha. Fez uma reta. Vou segurar a sua mão de novo para você fazer.

E, segurando na mão do menino, conseguem realizar a proeza.

– Tente você, agora.

E depois de passarem quase a tarde inteira nas mais diversas tentativas, finalmente, Palô consegue "desenhar" a letra "a", quando, então, Arlete lhe pede para fazer no caderno os "as" solicitados pela professora. E, com muito esforço, o garotinho consegue. Isabel, a amiguinha que tinha ido até lá para brincar, há algum tempo, desistiu de esperar e foi embora.

– Conseguiu, Palô? – pergunta Mércia que, sentada, a poucos metros das crianças, lia um livro e as observava.

– Mostre para a minha mãe, Palô.

E o menino mostra, já bastante fatigado mentalmente pelo esforço.

– Maria José, venha ver – chama a mãe de Arlete.

– Conseguiu, filho?

– Hum, hum.

E Maria José se sente satisfeita com os "as" escritos pelo filho, não tão bem quanto os de Arlete, mas, pelo menos, inteligíveis e promissores.

– Muito obrigada, Arlete. Nem sei como lhe agradecer.

– Eu estou muito contente.

16. O já esperado

A IDA PARA A escola no dia seguinte era só alegria. Maria José se emociona muito em ver o filho caminhando pela calçada ao lado de Arlete, um pouquinho mais alto que ela, bem fortinho, com o andar balançado por conta das pernas arqueadas. Era uma graça ver aquelas perninhas grossas com os pés sem meia, calçando as simples alpercatas.

Mas ao retornarem, a alegria da manhã se transforma em amarga preocupação. Quando Arlete lhe pede para ver o seu caderno, o garoto abaixa a cabeça e, triste e lentamente, retira o caderno da sacola, entregando-o à menina. Quando Arlete o abre, fica olhando visivelmente decepcionada e lhe pergunta:

– O que aconteceu, Palô?

– Palô não con... segue.

Maria José apanha o caderno das mãos da menina e vê na primeira linha, os "as" que a professora havia escrito no dia anterior. Na segunda linha, os "as" que o menino aprendera a escrever com Arlete e, na terceira linha, com certeza, os que tentara escrever, hoje, na escola. E em nada estava parecido com o anterior. Nem dava para se entender o que era. Na quarta linha, a professora já escrevera com sua letra: *e e e e e e*.

— Você não conseguiu, filho?

E Palô, ainda de cabeça baixa, parecendo envergonhado, responde:

— Palô não lembra palavras.

— Que palavras, filho?

— Que Arlete ensinou.

E a garotinha lhe pergunta:

— Você quer dizer: "encosta a ponta do lápis no papel, sobe fazendo uma curvinha, depois volta até embaixo, uma curvinha de baixo para cima, desce e faz um rabinho?"

— Hum, hum.

— Você não precisava saber as minhas palavras, Palô. Bastava copiar.

— Palô não con... segue.

— Não fique triste. Aos poucos você aprende – fala Mércia, tentando animá-lo.

— Eu ensino você de novo, Palô – promete a menina.

— Bom.

E passam a tarde toda, novamente, a praticar, até que o menino reaprenda a fazer o "a" e, também, o "e", este um pouco mais fácil.

No dia seguinte, só comemoração. O menino consegue fazer a letra "e" na escola.

— O que mais vocês fazem lá, Palô?

— A pro... fessora conta his... tórias e leva brincar.

— Nos primeiros dias de aula, é assim, dona Maria José – explica Mércia. – A professora mais brinca com eles, que é para irem se acostumando.

— Nós não usamos só este caderno – explica a menina. – Lá escrevemos em folhas que ficam na escola.

E Maria José fica a pensar como é que o filho escreveu nessas folhas.

— E hoje tem lição para fazer em casa, Palô? – pergunta em seguida.

O garoto pensa um pouco e apanha novamente o caderno, abrindo na primeira página.

– Não.

– Nem a minha professora passou lição para fazer em casa – diz Arlete. – Podemos brincar com Isabel hoje, Palô. Ontem ela foi embora mais cedo, de novo.

O menino sorri.

– Mas assim que terminarmos de brincar, vamos treinar mais uma vez o "a", está bem?

– Hum, hum.

– E o "e", também.

* * *

Os dias passam e as dificuldades começam a aumentar para o pobre menino. Realmente, sua deficiência o impede de acompanhar o aprendizado. Arlete procura ensiná-lo com muita dedicação e quase nem tem tempo mais para brincar, o que acaba se transformando em grande, mas disfarçada preocupação por parte de Sávio e Mércia. Maria José, por sua vez, se sente com as mãos atadas. Sente desejo de pedir para Arlete parar com esse sacrifício, mas, por outro lado, seu coração de mãe a impede. Ainda tem esperança de que o filho querido comece a ter progressos.

E após dois meses, Maria José é chamada pela

diretora da escola, através de um bilhete que o filho lhe entrega, a pedido de sua professora.

– O que será que ela quer? – pergunta a Mércia, apesar de já imaginar o que seja.

– Não sei lhe dizer – diz a patroa –, mas se prepare para o pior. Tenha forças, Maria José. Você quer que eu vá junto com você?

– Melhor não, dona Mércia. A diretora poderá se sentir pressionada com a sua presença.

No horário marcado, na parte da tarde, Maria José deixa o filho aos cuidados da patroa e se dirige até a escola. Após aguardar por mais de meia hora, numa sala de espera, a diretora a convida a entrar.

– Por favor, sente-se. Maria José é seu nome, não?

– Sim.

– Muito bem, dona Maria José. É sobre seu filho que desejo lhe falar.

– Pois não – responde, esfregando as mãos, uma na outra, bastante nervosa.

– O que tenho a lhe dizer, minha senhora, é algo bastante constrangedor e espero que a senhora compreenda a minha posição e a minha responsabilidade perante esta escola.

– Estou ouvindo...

– A senhora tinha noção sobre a capacidade intelectual de seu filho?

– Sei que ele tem algumas dificuldades.

Nesse momento, a diretora procura ser bastante polida, procurando encontrar as palavras mais adequadas a fim de não magoar a mãe, ali, à sua frente.

– A senhora já levou seu filho a um médico por causa disso?

– Sim, senhora. Já o levei a uma médica, quando Palô tinha três anos e foi ela quem diagnosticou esse seu problema. Depois, com quatro, levei-o a um outro médico que confirmou, pelo que pude compreender, um atraso mental, mas disse que, com o tempo, ele conseguiria acompanhar as outras crianças.

– Pois penso que deveria levá-lo novamente, senhora. Sinto lhe dizer isso, mas as dificuldades dele são enormes. Já iniciamos as aulas há mais de dois meses e seu filho não consegue manejar um lápis, nem para desenhar um pequeno círculo. E quando consegue, alguns minutos depois, parece ter-se esquecido de como fazê-lo.

— Uma menina, nossa vizinha, tem se aplicado bastante para ensiná-lo e tenho esperança de que acabe conseguindo. É um menino muito bom.

— Não estou pondo em dúvida a bondade dele, dona Maria José. Sua professora já me informou sobre isso. É um garoto muito educado, muito bonzinho, e isso até já foi levado em consideração. Para a senhora ter uma ideia, às vezes, sua professora permite que ele faça da maneira dele e apenas participe daquilo que tem mais facilidade. O que acontece é que ele, como um bom menino que é, quer, a todo custo, aprender.

— E isso não é bom? Que ele queira aprender?

— É bastante louvável, ninguém tem dúvidas quanto a isso. O que acontece é que se a sua professora for dedicar a ele todo o tempo necessário para que aprenda, ela não conseguirá ensinar os outros alunos. A senhora me entende? Se a escola tivesse à disposição uma professora só para seu filho, nós teríamos o máximo prazer em mantê-lo como nosso aluno, mas...

— Entendi. A senhora está me dizendo que ele não poderá mais frequentar a escola?

— O que eu posso fazer, dona Maria José? Peço-lhe que compreenda a minha situação. Não tenho nada contra a senhora, nem contra o seu filho, mas a professora se encontra numa situação bastante delicada.

– Eu posso perfeitamente compreender – diz Maria José, enxugando o canto dos olhos com as costas da mão –, e o que posso fazer, não é? Bem, meu filho não virá mais, então.

– Talvez uma professora particular... – sugere a diretora, mais para animá-la um pouco e ter uma maneira mais branda para terminar com aquele diálogo que lhe traz grande constrangimento.

Maria José se despede, quase não conseguindo dar os primeiros passos, tamanha a sua tristeza, apesar de que já tinha imaginado qual o motivo de ter sido chamada. E retorna para casa, caminhando bem devagar. Como dizer isso ao filho? O que mais lhe corta o coração é lembrar-se da alegria do menino em frequentar uma escola junto com as outras crianças e, principalmente, com Arlete.

Enfim, chega na casa de Mércia e lhe confirma o que já era esperado pela patroa.

– E agora, Maria José, como vai dar a notícia ao menino?

– Vou falar com ele hoje à noite.

— Diga-lhe que não poderá ir à escola, mas que Arlete vai ensinar a ele tudo o que ela aprender.

— Agradeço a sua bondade e sei que sua filha faria isso, mas não é justo, dona Mércia. Ela não tem feito outra coisa e nem brinca mais, por causa disso.

— Penso que, talvez, esse atraso de Palô esteja relacionado à sua idade, quer dizer, talvez daqui a um ou dois anos, ele venha a ter condições de aprender.

— E é o que pretendo falar a ele, apesar de imaginar o quanto irá sofrer.

— Arlete também irá sentir muito.

— E a senhora terá que falar com ela.

— O que mamãe tem que falar para mim? — pergunta Arlete, ao entrar com Palô na sala de jantar, onde as duas mulheres estão conversando.

As mães se entreolham e Mércia pergunta a Maria José:

— Se você quiser uma ajuda... podemos...

— Eu gostaria, sim.

Dizendo isso, Maria José convida as crianças a se sentarem no chão, perto delas.

– Dona Maria José tem algo a falar e eu também – fala Mércia às crianças.

– Uma surpresa? – pergunta Arlete, animada.

– Realmente, é uma surpresa, mas não uma surpresa agradável, filha.

– O que aconteceu, mamãe?

– A mãe de Palô irá falar com ele primeiro.

– Mamãe fala Palô? Fala, mamãe.

– Sabe o que é, filho? Você terá que esperar mais algum tempo para voltar a ir à escola.

– Como assim? Ele já está indo – pergunta a garotinha.

– Você já vai entender, Arlete.

– Deixa dona Maria José falar com ele, filha.

E o menino pergunta:

– Palô não vai escola?

– Filho – responde, com lágrimas nos olhos –, você terá que esperar mais um pouco para ir, porque não está conseguindo fazer o que as outras crianças fazem e a professora não pode ficar ensinando só você. Ela precisa ensinar as outras crianças.

– Mas eu estou ensinando ele... – interrompe a menina. – Ele vai conseguir.

E sem que nenhuma das duas mulheres pudesse imaginar, Palô olha fixamente para a mãe, depois baixa o olhar, levanta-se, vai até ela e, abraçando-a, lhe diz:

— Mamãe, não chora. Palô sabe que faz errado. Mamãe não tem culpa. Não chora, mamãe. Palô não vai mais escola. Palô trabalha sem escrever letra. Só precisa saber dinheiro. Mamãe ensina Palô saber dinheiro?

— O que ele está dizendo, Maria José? – pergunta Mércia, fortemente emocionada com a reação do menino.

— Ele diz que pode trabalhar sem saber escrever. Que só precisa aprender a lidar com dinheiro e que eu vou ensiná-lo.

— Um dia, você vai aprender a ler e a escrever, Palô – diz a mãe de Arlete, que já se encontra abraçada a ela e chorando de pena do amiguinho. – Só precisa crescer mais um pouquinho.

O menino se limita a sorrir e ainda diz:

— Arlete não chora. Não chora. Palô aprende.

17. Palô, médium

ALGUNS POUCOS dias se passam e, numa tarde de sexta-feira, acontece algo que surpreende a todos. Após o almoço, Sávio conversa com a esposa na cozinha, onde se encontram Maria José, lavando a louça, Arlete, sentada, ouvindo a conversa, e Palô, como sempre, varrendo o chão.

— E você irá entrar com recurso no processo? – pergunta Mércia ao marido.

— É lógico que vou. A defesa faltou com a ética, arrolando uma testemunha que, com certeza, estava mentindo. Ainda coloco aquela testemunha atrás das grades e também aquele advogado. Ela, por falso testemunho e ele, por convencê-la e, com certeza, pagando-a para testemunhar uma grande mentira. Que ódio!

— Ódio faz doença – diz Palô, sem parar de varrer.

— Que é isso, menino?! – repreende-o Maria

José. – Você não deve se meter em conversa dos outros! Peça desculpas para o Doutor Sávio.

O garoto olha assustado. Na verdade, havia falado sem pensar.

– Vamos! Peça desculpas!

– Desculpa.

– Por favor, o senhor desculpe o menino, Doutor Sávio.

– Não precisa ralhar com ele, Maria José. É apenas uma criança, mas... o que foi que você disse, Palô? – pergunta, interessado.

Palô olha para a mãe, sem saber o que fazer.

– Responda para o Doutor Sávio, Palô – pede Maria José, falando, agora, delicadamente.

– Papai ensinou Palô.

– E o que foi que ele lhe ensinou?

– Ensinou ódio faz doença.

– E o que mais? – insiste Sávio.

– Deus não gosta.

– Deus não gosta... E por quê?

– Deus não gosta... filhos dele... raiva do outro.

– E traz doença?

– Papai falou...

– E seu pai tem toda a razão. Já li que sentimentos de ódio fazem mal à nossa saúde. Obrigado pela lembrança, Palô. Vou procurar não ter mais ódio de ninguém.

– Quando foi que seu pai lhe disse isso, filho? – pergunta Maria José, porque não pode imaginar Orlando falando sobre esse assunto. Apesar de ter sido um bom homem, sempre pronto a ajudar a todos e nunca ter dito algo ríspido a ninguém, nem ter inveja do próximo e sempre de bem com a vida, não via nele essa possibilidade de falar sobre essas coisas, muito menos a Palô.

– Ontem.

– Ontem?!

Diante dessa resposta, Sávio chama o garoto para sentar-se à mesa da cozinha, à sua frente. Mércia se aproxima mais, pedindo a Maria José que faça o mesmo. Sávio olha para ela e, com um movimento de cabeça, lhe pede que continue a falar com o garoto.

– Como ontem, filho? Você o viu?

– Palô sonhou.

– Você sonhou com ele e ele lhe falou isso?

– Fa... lou.

– E o que mais ele lhe falou?

– Para Palô não ficar triste.

– Para você não ficar triste?

– Hum, hum.

– Você estava triste?

– Um pouco.

– Por causa da escola?

– Hum, hum.

– E o que mais?

– Fa... lou tudo acontece pa... ra me... lhorar. Triste nunca. Alegre sempre. Tudo é bom. Tudo é irmão. Deus é o pai. Deus e papai gostam de Palô.

Nesse instante, Sávio e Mércia ficam emocionados em ver aquele garoto, tão necessitado, falando sobre tudo aquilo.

– Você estava sonhando, mesmo, Palô? – pergunta Maria José. – Ou estava vendo ele?

– Palô viu papai.

– Ah, você estava vendo ele. No seu quarto?

– Na praça.

– Na praça?!

– Hum, hum.

– Então, você sonhou que estava lá?

– Palô na praça.

– Como, Palô? Você foi lá, mas sonhando?

– Não. Palô deixou corpo na cama e foi passear com papai.

– Deixou o corpo na cama?

– Hum, hum.

– Você não quer que eu acredite nisso, não é, Palô? – pergunta-lhe Sávio.

– Acredita. Doutor Sávio pas... sou auto... móvel.

– O quê?! – pergunta, agora, Sávio, começando a se impressionar. – Você me viu passar de carro enquanto conversava com seu pai na praça, ontem à noite?

– Hum, hum... doutor com homem de chapéu.

– Meu Deus! – exclama. – Maria José, seu filho saiu de casa à noite?

– Não, Doutor Sávio. Ele foi dormir por volta das vinte horas.

– Por quê? – pergunta Mércia.

– Porque eu passei de automóvel pela praça, sei lá, entre nove ou dez horas, com seu Geraldo e ele estava usando chapéu. Aliás, é um dos únicos nesta cidade que ainda usa chapéu à noite.

O casal fica atônito, menos Maria José, que já ouvira falar no Centro Espírita sobre a emancipação da alma, que é o que ocorre quando o corpo adormece e o Espírito se desprende momentaneamente de seu corpo, ligado a ele por um cordão luminoso de forças fluídico-magnéticas. Na verdade, somos nós quem nos libertamos do corpo porque somos nós, Espíritos, que temos um corpo material. E aprendeu que, ou o Espírito permanece adormecido a pouca distância do corpo ou, então, entra em contato com Espíritos afins. E que sua atividade fora do corpo dependerá de sua índole, ou seja, do contato com Espíritos de mesmas intenções. Dessa forma, poderá vir a praticar atos de ordem inferior, pelos quais terá que responder depois, ou ir ter com Espíritos mais elevados a fim de praticar o Bem junto a desencarnados, a encarnados ou, simplesmente, participar de atividades ligadas à instrução para o seu próprio adiantamento moral e espiritual.

Aprendeu também que, na maior parte das vezes, não nos lembramos quando retornamos ao corpo, haja vista que o cérebro material continua a funcionar e a lançar ideias e acontecimentos que viremos a recordar, quando despertarmos, como um sonho. Também sabe que alguns lembram-se de parte das atividades extracorpóreas, mas, de alguma forma, como que misturadas ao sonho "material" do cérebro, quase sempre prevalecendo este, apesar de que, se algo de bom assimilarmos no verdadeiro plano da vida, essa ideia permanecerá latente em nossa mente e virá à tona, nos momentos em que mais precisarmos como, por exemplo, na necessidade de tomarmos uma decisão.

E que existem casos, bem mais raros, em que a pessoa se lembra bem nitidamente do que ocorreu, como foi o caso de Palô. Até mesmo nessas situações, a pessoa que desconhece esse mecanismo, muito bem explicado pela Doutrina Espírita, o põe à conta de um sonho bem real.

Diante, agora, desse inusitado acontecimento, Maria José acaba relatando a Sávio e a Mércia sobre a mediunidade do filho, inclusive sobre o que aconteceu quando do velório de sua mãe. E acaba por discorrer sobre a emancipação da alma durante o sono, logicamente, com suas palavras simples, mas conseguindo se fazer entender, até com certa facilidade.

– É difícil de acreditar – diz Sávio. – Quer dizer que Palô é... como vocês dizem... médium?

– Depois de várias sessões de passes, ele parou de ter essas visões. Mas, agora, meu Deus! Fala com o pai! Fala com Orlando!

E Maria José se entrega às lágrimas, num misto de preocupação e alegria, ao mesmo tempo. De preocupação, porque pouco ainda sabe sobre a Doutrina dos Espíritos, e de alegria, porque o menino se encontra com o pai.

– Por que é que você não me contou antes, filho?

– Do papai? – pergunta Palô, ingenuamente.

– Sim. Por que não me contou hoje de manhã, quando acordou?

– Palô esqueceu. Lembrou agora.

E parecendo ignorar a presença de Sávio e Mércia que, por sua vez, prestam muita atenção, continua a falar com o menino:

– E o que mais papai lhe disse?

– Não lembro.

E Arlete, que tinha permanecido em silêncio até aquele momento, lhe pergunta:

– Você viu seu papai, Palô?

– Vi.

– Ele estava com o lagarto?

– Não. Não falo mais com lagarto.

– Não fala, mesmo, Palô. Eu não gosto. Tenho medo.

– Não tem medo. Lagarto precisa de ajuda.

– Precisa de ajuda?

– Papai falou.

– Quando seu pai falou sobre o lagarto, Palô? – pergunta Maria José.

– No sonho.

– Ontem?

– Hum, hum.

– Mas você disse que não se lembrava do que mais papai tinha falado com você.

– Agora lembro.

– E o que ele disse?

– Disse que lagarto que Palô vê, é gente que virou lagarto. Pode virar outro bicho também.

– O que ele quis dizer, dona Maria José? – pergunta Sávio.

– Que lagarto que ele vê é gente que virou lagarto. E pode virar outro bicho também. Na verdade, pelo que aprendi, Espíritos ruins acabam se transfigurando em figuras grotescas, no Plano Espiritual.

– Como assim?

– Papai disse Espírito? – pergunta Maria José ao filho, a fim de diferenciar bem o lagarto que o filho via, do lagarto, réptil, que habita a Terra.

– Isso. Espí... to.

– Es-pí-ri-to – soletrando bem a palavra para que o menino aprenda a falar direito.

– Espí... rito.

– É Espírito que precisa de ajuda?

– Hum, hum. Lagarto é Espírito que sofre.

– E precisa de ajuda?

– Toda gente precisa de ajuda. Toda gente é filho Deus.

– E papai falou como ajudar?

– Falou que mamãe ensina Pai Nosso.

– Papai falou para a mamãe ensinar Palô a rezar o Pai Nosso?

– Hum, hum.

– Mamãe vai ensinar – promete Maria José, sem acreditar muito que seu filho vai conseguir decorar a oração, mas continua: – E rezando o Pai Nosso, ajuda o lagarto?

– Rezar Pai Nosso e falar para ser bom, para voltar ser gente.

– Rezar o Pai Nosso e falar para o lagarto ser bom...

Sávio e Mércia estão impressionados. Já sabiam que o menino, tempos atrás, via esses lagartos e agora sabem o que podem significar, começando a ver algo de verdadeiro, apesar de um pouco fantasiosa, para eles, essa história de lagartos.

Na verdade, são Espíritos infelizes que, com a consciência pesada por grandes erros ou por fortes sentimentos de ódio e desejos de vingança, acabam se transformando nesses seres grotescos e que, aprisionados por entidades das trevas, lhes servem para fazer o mal.

Com certeza, faziam-se vistos pelo menino porque sabiam que este os podia ver, através da mediunidade. E, realmente, estavam tentando apavorar o garoto e, até mesmo, induzi-lo a fazer o mal, a serviço de Creptus.

– E o que mais, Palô? Não consegue se lembrar de mais nada do que papai lhe falou?

– Papai falou para mamãe não ficar triste porque Palô não faz coisa direito.

A mulher abraça o filho e, muito comovida, lhe fala com carinho:

– Mamãe não vai ficar triste, não, Palô. Deus me enviou você assim e mamãe sempre será feliz como você é: um menino bom de coração e que também ama a mamãe.

Palô a abraça e beija seu rosto, com muito amor.

Desnecessário será narrar as lágrimas naquele momento. Até Arlete se emociona, pois, apesar da pouca idade, já consegue entender sobre o que Palô dissera. E o abraça ternamente.

E Sávio, não se contendo, desabafa, perguntando, em voz alta:

– Como Deus permite que isso possa acontecer? Tantas diferenças entre aqueles que Ele chama de filhos...

– O senhor não deve falar assim, Doutor Sávio.

– Não consigo entender, dona Maria José.

E a mulher, com palavras simples, procura repetir para ele e para Mércia o que seu Olívio, no Centro Espírita, discorreu antes da sessão de passes na noite em que lá esteve, levando Palô.

– É... – diz Sávio. – Realmente, tem muita lógica, principalmente quando você falou sobre os bebês. Ainda não havia pensado nisso ou, se cheguei a pensar, não dei muita importância. E vocês acreditam na reencarnação como uma forma de aprender, não é?

– Isso mesmo, Doutor Sávio. Principalmente quando raciocinamos sobre como uma pessoa, com apenas cinquenta ou sessenta anos de uma única vida, possa ter condições para encontrar-se com Deus ou ir para um lugar de felicidade. Quem de nós poderia se crer nessas condições? Temos muito que aprender. Além disso, essa ideia de que os bons vão para um Céu e que os maus vão para um inferno eterno... Se uma mãe ou um pai são bons e vão para um Céu, que é um lugar de felicidade, como poderiam ser felizes nesse Céu, se um filho, que praticou o mal, vai para esse inferno eterno? O senhor acha que essa mãe ou esse pai teriam condições de serem felizes? Ou fariam de tudo para auxiliar o filho amado?

– Você tem razão e isso tudo é muito lógico,

mas sinto que ainda não estou preparado para essa religião.

– Sabe, Doutor Sávio, aprendemos, também, que um simples rótulo religioso não melhora ninguém e nem salva, como é costume se falar em algumas religiões. O que importa é sermos cristãos, amando a Deus, aceitando os seus desígnios e fazendo o bem ao nosso próximo, como nos ensinou Jesus.

***

Na segunda-feira, Palô faz questão de ver Arlete ir à escola e fica a olhá-la até ela sumir de vista ao virar uma esquina, duas quadras à frente, assim como a espera no portão de sua casa quando ela volta da escola. Depois de alguns dias, com autorização de Maria José e de Mércia, carrega a bolsa da menina até a próxima esquina, retornando em seguida e faz a mesma coisa no caminho de volta, sempre sob o olhar atento das duas mulheres.

Após o almoço e depois de varrer a sala de jantar, a cozinha e a área de serviço, tarefa que ele havia imposto a si mesmo, Palô vai brincar com Arlete e Isabel. Antes da brincadeira, as meninas fazem a lição de casa. Palô, por sua vez, tenta copiar algumas letras em seu caderno, apesar de ele mesmo, já tendo adquirido um certo olhar crítico, perceber que, realmente, não o consegue.

E, numa noite em que ele olha a mãe passar roupa, lhe faz um pedido:

– Mamãe, é difícil para Palô escrever tudo. Palô só quer escrever nome. Mamãe escreve para Palô copiar?

– Escrevo, sim, filho. Se você conseguir, de alguma forma, escrever o seu nome, mesmo que não seja com letra perfeita e bonita, poderá ter sua assinatura. É importante saber escrever o próprio nome.

– E papai?

– Sabia e lia um pouco, também.

– Papai inteligente.

– Você não sonhou mais com ele?

O menino pensa um pouco, antes de responder:

– Não lembro.

– Quando você se lembrar, fala para a mamãe.

– Palô fala para mamãe.

18. E o tempo passa...

CABE AQUI UM salto no tempo e algumas explicações se fazem necessárias. Palô e Arlete já contam agora com dezesseis anos de idade.

Palô não chegou a frequentar nenhuma escola, apesar de ter aprendido a escrever seu próprio nome e já estar falando e articulando frases mais corretamente.

Arlete tornou-se uma ótima aluna e já cursa o segundo ano de dois cursos distintos: um, durante a tarde, que, na época, frequentavam aqueles que seguiriam curso superior ligado à área das ciências e, à noite, um outro, suficiente para formar professores do curso primário. Tornara-se uma adolescente muito linda, sendo constantemente assediada pelos rapazes da escola.

Palô, por sua vez, também se tornara um belo e forte rapaz, pesando contra ele o fato de que, conforme os anos passavam, mais ficava evidente a sua deficiência mental, tendo em vista que ela é menos notada quando se é criança. Agora, jovem, apesar da boa aparência, sua maneira de falar, e sua ingenuidade bondosa, mostrava os sinais de suas dificuldades de raciocínio. Por outro lado, tornara-se, cada vez mais, um exemplo de filho, e seus modos eram de um notável comportamento e de admirável respeito por qualquer pessoa com a qual tivesse algum contato.

Mas, apesar dessa diferença entre ele e Arlete, nada conseguira arrefecer a grande amizade dos dois. Na verdade, algo muito forte os unia. E durante todos esses anos passados, um não ficava um dia sem estar com o outro. Palô ainda almoçava com a mãe na casa de Sávio e Mércia, mas não mais permanecia durante todo o dia em casa, pois havia arrumado alguns serviços fixos, se não estranhos, pelo menos, inéditos.

E tudo começou com catorze anos de idade, quando numa noite, conversando com a mãe, lhe pediu permissão para trabalhar.

— Trabalhar, filho? Mas onde?

— Hoje, quando comprei pão na padaria, vi dona Maria, muito preocupada.

— Preocupada com o quê, filho?

— Moça, que faz limpeza, não vai mais trabalhar.

— Sim... E você demorou para voltar.

— Palô ficou com dó de dona Maria, e varreu e limpou tudo.

— Ela lhe pediu?

— Palô pediu para limpar.

— E então...?

— Dona Maria falou que se Palô limpar todo dia, ganha dinheiro.

— De manhâ, Palô?

— De manhã.

— E quanto dona Maria disse que lhe pagaria para limpar todos os dias?

— Este – respondeu, entregando a Maria José um papel com o valor que ele havia pedido que ela escrevesse.

— Hum... Não é muito, Palô, mas é um trabalho.

— Mamãe deixa? Palô dá dinheiro para mamãe.

E, mais uma vez, como sempre, furtiva lágrima irrompe dos olhos da mulher. Sempre se emocionava com a bondade do filho.

— E você começa quando?

— Se mamãe deixa, amanhã.

– Está bem, filho. Pode trabalhar.

E o rapaz fazia tão bem o serviço de limpeza que, com o passar do tempo, conseguiu outras ofertas desse tipo, de maneira periódica, uma, duas ou três vezes por semana.

Agora, com dezesseis anos, conseguiu o que mais desejava, que era trabalhar como seu pai: na limpeza das praças e jardins da cidade. Na verdade, Sávio, através de sua influência, arranjou para ele uma vaga de ajudante na limpeza da praça principal, numa decisão de emergência, porque a Prefeitura não estava conseguindo quem trabalhasse nessa posição, pois era a que tinha o menor salário. Mas para Palô, já era ótimo. Ganhava mais do que nos trabalhos de limpeza que realizava, e teve a felicidade de trabalhar na praça principal, bem defronte da escola em que Arlete estudava.

Quando ela chegava à escola, ele já estava varrendo a praça; ela, toda sorrisos, acenava para ele e, sempre que havia uma oportunidade, no horário do recreio, atravessava a rua para conversarem, no mesmo horário escolhido por ele, para o seu momento de descanso. E seu João, o varredor e limpador oficial, a quem ele considerava como seu chefe, também optou por aquele horário para que Palô não se sentisse constrangido.

De qualquer maneira, o homem, que fora grande amigo de seu pai, deixava-os conversar, sem a sua presença.

Num desses dias, as amigas de Arlete, inconformadas com essa atitude da amiga, a criticavam:

– A Arlete está maluca. Ao invés de nossa companhia, prefere ficar conversando com esse Palô, filho da empregada de sua casa.

– Mas, desde pequenos, são grandes amigos.

– E você, Isabel, o que nos diz sobre isso? Você, que sempre foi sua amiga e, praticamente, vivia na casa dela.

A moça olha com muita ternura para os dois e comenta, sinceramente, e sem nenhuma maldade:

– Tenho muita pena deles.

– Por quê, Bel?

– Penso que Arlete, no fundo, no fundo, o ama.

– O quê?!

– E deve sofrer muito, se eu estiver certa, porque se trata de um amor impossível.

– Ela disse isso a você? Conta mais!

– Conta, Isabel! Queremos saber!

Nesse momento, a moça se arrepende amargamente de ter dito aquilo, como se tivesse pensado em voz alta.

– Ela não disse nada! Parem com isso! É coisa da minha cabeça! Nem tem cabimento uma coisa dessas!

– Mas, sabem? Pode ter um fundo de verdade, nisso – diz Célia, uma das moças. – Se vocês repararam bem, Arlete quase não vai a festa alguma e não se interessa por nenhum dos rapazes.

– E como tem gente interessada em namorá-la! – diz uma outra.

– Tivesse eu a metade dos interessados que ela tem! Hum...

Todas caem na risada.

– Parem com isso! – pede Isabel que, vendo a besteira que falara e os comentários das amigas, se afasta.

– Do que é que vocês estão rindo? – pergunta Mário, outro estudante, ao se aproximar.

– Da Arlete. Veja, lá na praça. Lá está ela, outra vez, com Palô.

– Dizem que ela está apaixonada por ele.

– Por aquele debiloide?! Vocês estão loucas. É só um amigo de infância. Mora ao lado de sua casa e sua mãe é empregada dos pais dela.

– Por isso mesmo. Sempre juntos... – envenena uma outra garota, que sabe do interesse de Mário por Arlete.

– Acorda, Mário. Não percebe que Arlete não aceita convite de ninguém para uma festinha? Prefere ficar com ele.

– Arlete é uma garota muito recatada e não é de festinhas como vocês – responde, um pouco nervoso com aquela ideia.

– Hum... Mário, não precisa ficar bravo. E se nós não formos às festinhas, com quem vocês, rapazes, irão dançar, hein?!

– Me desculpem. Apenas acho que Arlete não faria uma coisa dessas para os seus pais.

– Faria o quê, Mário? Ninguém aqui disse que Arlete está fazendo alguma coisa.

– Isso é verdade – diz uma outra. – Apenas dissemos que Arlete parece estar encantada por aquele rapaz.

– E que, falando a verdade, não fosse sua mente curta...

– É um belo rapaz.

– Põe muitos garotos da escola nos chinelos.

– Fosse você, Mário, iria buscá-la.

– Buscá-la?

– E o que tem? A praça é pública.

– A praça é pública, mas não é proibido atravessar os portões da escola, durante o período escolar? – pergunta Célia, cheia de veneno.

– Isso é verdade, mas Arlete, você sabe, não é...? Queridinha da diretora...

– Não é nada disso. Muitas de nós, às vezes, fazemos isso também e os inspetores nem se importam. Fazem até "vista grossa".

– E, então, Mário, não vai buscá-la?

– É até uma maneira de você descobrir se há algum fundo de verdade nessa história toda.

– Pois é o que vou fazer.

E o rapaz atravessa a rua em direção aos dois que, sentados em um banco, conversam animadamente.

E quando Mário se aproxima, até se arrepende, pelo fato de nem ter o que falar, ou seja, não tem como justificar a sua ida até eles, mas antes que pense em algo, Palô o vê e, levantando-se, diz:

– Amigo de Arlete está chegando.

A moça olha e Mário já se encontra quase ao seu lado. Palô, humildemente, resolve:

– Palô vai trabalhar agora.

– Mas já? Ainda não deu hora.

– Trabalha agora – repete, despedindo-se com um aceno de mão.

– Por que ele foi embora? – pergunta Mário, meio sem graça.

– Porque você chegou, mas tudo bem, já ia voltar para a escola.

E, dizendo isso, vira as costas e sai caminhando, não sem antes acenar para Palô e lhe gritar: – Tchau, Palô! Até depois.

Mário fica estático, sem saber o que dizer e, principalmente, sem saber o que fazer. Não sabe se alcança Arlete ou continua seu caminho, como quem estivesse passando ali por acaso.

– Será que é verdade que Arlete tem esse sentimento para com esse rapaz? Que eu saiba, Palô tem deficiência mental. Soube que passaram toda a vida como se fossem irmãos... mas, amor? Não pode ser – pensa Mário, um tanto revoltado pelo fato de a moça tê-lo relegado a segundo plano. Poderia, pelo menos, falar alguma coisa com ele ou perguntado o que estava fazendo ali. – Parece até que fez questão de me ignorar.

19. A Benzedura

MÁRIO AINDA se encontra pensativo, quando, de repente, vê que três de seus colegas, saindo com os cadernos nas mãos, como se tivessem sido dispensados da aula, vêm caminhando em sua direção e André, um deles, traz seu material. Eles não estudam na classe de Arlete. Cursam outra área.

– O que aconteceu? – pergunta.

– Um professor faltou e nos dispensaram. Aqui estão suas coisas. O que está fazendo aqui na praça?

– Pois vocês não vão acreditar no que ouvi dizer.

– Sobre a Arlete?

– Como é que você sabe que eu ia falar sobre ela, Fernando?

– Em primeiro lugar, porque só podia ser sobre ela. Você está apaixonado...

– Ah, pare com isso. Mas o que você sabe sobre Arlete, já que me perguntou se era sobre ela que eu iria contar alguma coisa?

– Ouvimos uma conversa das garotas, lá na escola. Uma besteira. E depois vimos quando você veio atrás dela aqui na praça.

– E ela deixou você falando sozinho – diz Ronaldo, um dos rapazes.

– Ela não me deixou falando sozinho. Apenas deve ter pensado que eu estava de passagem. Mas o que foi que ouviram sobre ela?

– Como disse, besteiras. As garotas estavam dizendo que ela é apaixonada pelo debiloide, esse tal de Palô. Coitado, um débil mental, varredor de praças.

– Mas eles se conhecem desde crianças e até brincavam juntos. É o que eu sei – diz André, querendo pôr lenha na fogueira, como se diz popularmente.

– Bem – comenta Fernando –, o cara pode ter deficiência mental, mas tonto não acredito que seja, principalmente no que diz respeito a garotas... E tratando-se de Arlete...

– Isso é verdade – ajunta Ronaldo. – Não se pode confiar apenas porque o cara é deficiente mental. Com essa história de bobinho, pode, muito bem, estar armando um bote em cima da pobrezinha.

– Ei, parem com isso! A Arlete não é boba.

– Mas se for verdade que está apaixonada...

– Por que não perguntamos ao Palô? – sugere Fernando, mais para levar aquilo para o lado da brincadeira.

– Perguntar o quê? – quer saber Mário, preocupado.

– Ora, se é verdade que Arlete gosta dele e se ele gosta dela. E o que pretendem fazer. Se pretendem se casar – responde, dando sonora gargalhada.

– Deixe pra lá – diz Mário.

– Olhem lá! Ele vem vindo com o carrinho de folhas.

– Não vai falar nada, Fernando! Ele vai contar para ela, se você falar.

– E daí?

– Eu vou embora – promete Mário que, conhecendo os três amigos, sabe que, com certeza, vão fazer o que Fernando está tramando e não quer que Arlete fique com raiva dele. Sabe, também, que seus amigos, muitas vezes, exageram nas brincadeiras.

– Vai, Mário. Depois lhe contamos o que aconteceu – grita André.

E o rapaz sai em direção contrária à de Palô, parando mais à frente e se protegendo por detrás de uns arbustos altos, para não ser visto. Não tem coragem de ir embora. Na verdade, teme pelo coitado do rapaz.

Quando Palô se aproxima, Fernando para na sua frente e lhe diz:

– Palô, gostaria de lhe fazer uma pergunta.

Os outros dois o rodeiam.

– Pergunta? Pode fazer pergunta.

– Pode fazer pergunta! – repete o moço, dando estridente gargalhada – Pode fazer pergunta!

Palô sorri, em sua inocência.

– Por que você sorri?

– Você está contente.

– Você está contente! Ah! Ah! Ah! Por isso você sorri!

E Palô sorri mais ainda, achando graça.

– Me diga uma coisa, Palô – ordena, agora, André, postando-se à sua frente, no lugar de Fernando. – É verdade que você e a Arlete estão namorando?

– Namorando...?

– É... namorando! E não se faça de santo.

Palô novamente sorri.

– É verdade que a Arlete está apaixonada e quer se casar com você?

– Casar?

– É! Casar!

– Palô não sabe.

– Mas você gosta dela?

– Palô gosta – responde, ingenuamente, não percebendo a intenção da pergunta do rapaz.

– Ah, confessa, então?

– Palô gosta de Arlete.

– E ela? Arlete gosta de você?

– Arlete gosta de Palô.

Mário ouve a conversa, pois a distância não é tão grande, e compreende que estão colocando palavras na boca do rapaz, pois é fato que ela gosta dele e que ele gosta dela. Mas isso não quer dizer nada.

– Sabe, Palô, eu e meus amigos aqui não queremos brigar com você, por isso, queremos que você não fique mais conversando com Arlete aqui no jardim, porque tem um amigo nosso que não está gostando nada disso, você entende?

Palô não consegue compreender de imediato o que o rapaz quer lhe dizer e apenas sorri, imaginando que ele só está brincando. Na verdade, está contente porque três moços estão ali a falar com ele. Raríssimas vezes isso lhe aconteceu em toda a sua vida. E estende no rosto um grande sorriso.

André começa a ficar nervoso, achando que o rapaz está com brincadeira com ele e com o que ele fala e, encostando o dedo indicador em seu nariz, lhe fala asperamente:

— Você está brincando comigo?!

E Palô, ainda achando que isso faz parte da brincadeira de André, coloca, também, o seu dedo contra o nariz dele e responde:

— Brinca com você.

E André, num impulso, empurra violentamente Palô que, não esperando por isso, cai sentado na calçada.

Mário, então, não se contém e corre na direção deles para parar com aquilo.

– Parem com isso! Parem com isso! O rapaz não está entendendo nada!

Mas Ronaldo chuta o carrinho de folhas, que vai ao chão, espalhando-as.

Seu João, que acabara de ver a cena, corre em direção aos moços, com a vassoura erguida, o que faz com que os três saiam correndo.

Mário chega junto com o varredor e o ajuda a levantar Palô que, somente naquele instante, parece compreender que os moços não estavam brincando com ele e, sim, querendo machucá-lo.

– Você se machucou? – pergunta Mário, preocupado, e com muita pena do pobre moço.

– Palô está bem. Não machucou.

– Você conhece esses rapazes? Sei que são estudantes aqui dessa escola – pergunta seu João a Mário.

– Conheço e vou conversar com eles. Por favor, não diga nada ao diretor.

– Mas quero que diga a eles que se eu os vir novamente aqui na praça molestando Palô, vão se haver comigo e não sou homem de brincadeiras, não.

– Pode deixar, senhor. Eu falo para eles. E eu

gostaria que Palô não contasse nada do que aconteceu hoje para Arlete. Ela iria ficar muito triste.

— Palô esquece. Não conta.

— Assim fica melhor. Bem, tenho que ir.

— Obrigado pela ajuda – agradece Palô.

Mário vai embora, com o coração amargurado.

***

À tarde, quando o trabalho termina, agora, numa outra praça, seu João pede para Palô sentar-se ao seu lado num banco e lhe pergunta:

— Tudo bem com você?

— Hum, hum. Por que moço derrubou Palô? Por que ficou bravo?

— Sabe, Palô, eu gostaria de lhe ensinar uma coisa.

— Palô quer aprender.

— Você não pode agir assim.

— Não entendo.

— Quando alguém fizer o que esse moço lhe fez, você tem que reagir.

— Reagir?

– Sim. Você é forte e não precisa apanhar de ninguém.

– Não apanho.

– Você não está me entendendo. Quando alguém bater em você, você tem que bater também.

– Não bato, não.

– Se você não bater, as pessoas vão bater mais em você.

– Meu pai disse para não machucar ninguém.

– Seu pai era um bom homem, mas se alguém batesse nele, ele bateria também.

– Ele não bate. Ele ensinou Palô.

– Quando ele ensinou você?

– No sonho.

– No sonho? Como assim?

– Papai ensina muito quando durmo.

– Você sonha com seu pai?

– Sonho, mas não lembro tudo.

– E o que mais ele lhe disse?

– Para só reagir se for morrer.

– Ele lhe disse para só reagir quando houver perigo de morrer?

— Hum, hum.

— E que mais?

— Que gosta do senhor, seu João.

— Ele disse isso?

— Disse que seu João ajudou ele.

— Ele disse que eu o ajudei? – pergunta o homem, intrigado.

— Falou que seu João ajudou pagar hospital para mamãe. Que o senhor é um homem bom.

Nesse instante, o varredor não acredita no que ouve. Realmente, quando Maria José precisou passar por uma cirurgia, urgente, Orlando o procurou para que lhe emprestasse algum dinheiro e lhe pediu que não dissesse nada à esposa para que ela não ficasse preocupada com a dívida, dívida essa que Orlando logo pagou.

— Sua mãe nunca lhe falou sobre isso, Palô?

— Papai disse que mamãe não sabe. E que não posso contar para ela.

— Meu Deus! – pensa seu João. – Esse rapaz falou, realmente, com seu pai.

E como já começa a escurecer e ficaram conversando, diz a Palô que pode ir para casa e que diga à mãe que demorou porque estava conversando com ele. Mas ao se levantar e dar o primeiro passo, o homem pisa em falso e torce o pé.

— Ai! – geme, sentando-se de volta no banco e segurando o pé com as mãos.

— Machucou, seu João?

— Torci o pé.

— Dói muito?

— E como dói. Daqui a pouco vai começar a inchar – diz, tirando o sapato e a meia.

— Papai?! – exclama Palô, olhando para um ponto à sua frente.

— O que disse? – pergunta seu João.

— Palô vê papai e homem de roupa branca.

— Você está vendo o seu pai?

— Papai fala para Palô escutar homem de roupa branca.

— E o que ele está dizendo, Palô? – pergunta, um pouco amedrontado.

O rapaz não responde. Apenas se coloca de cócoras à frente de seu João, ergue o seu pé, colocando-o sobre suas pernas e espalma a mão direita sobre o tornozelo a uma pequena distância, começando a fazer movimentos circulares com ela, enquanto reza um Pai Nosso, da maneira como pôde aprender com sua mãe. O homem apura os ouvidos e consegue ouvi-lo:

– Pai nosso que está no céu... *san... ficado* nome... vem nós seu reino... sua vontade... na terra e no Céu... pão de cada dia... perdoa dívida... não deixa tentação... livra do mal... amém. Cura pé de seu João, homem bom, Deus pai. Cura pé de seu João, homem bom, Deus pai. Cura pé de seu João, homem bom, Deus pai. Só se for para o bem dele. Palô confia. Só se for para o bem dele.

Terminando essa singela, mas muito comovente prece, Palô estende o braço e arranca um fino galhinho, desses que são comuns aparecer onde existe grama e, com ele, envolve o tornozelo do homem, amarrando as pontas. Feito isso, se levanta e faz seu João se levantar também e lhe diz:

– Não pode ficar com medo. Tem fé. Se for para o bem, sarou.

E o velho varredor pisa no chão.

– Não dói, Palô.

– Anda.

O homem anda alguns passos.

– Não dói.

– Foi para o bem de seu João.

– O que é essa história de "só se for para o bem dele", Palô? – pergunta, agora sentado e calçando o sapato.

– Papai disse para ter fé e confiar em Deus.

– É... sempre soube que fé é confiar em Deus e acreditar que vamos conseguir o que desejamos.

– Não...

– Não?

– Fé é confiar em Deus. Deus faz o melhor para filho. Se consegue o desejo, melhor; se não consegue o desejo, melhor também. Deus sabe o que é melhor. Fé é confiar em Deus.

– Estou entendendo. Você quer dizer que quando desejamos alguma coisa podemos pedir a Deus, mas que a verdadeira fé não vem da certeza de que Deus vai nos atender. A verdadeira fé vem da certeza de que se não conseguirmos o que desejamos, é porque Deus sabe que é o melhor para nós, naquele momento de nossa vida.

Assim compreende seu João, inspirado por Orlando.

– Isso mesmo. Seu João entende.

– E o que foi que você fez para me curar, Palô?

– Palô fez o que homem de roupa branca mandou.

– E ele ainda está aí com seu pai?

– Foram embora.

– E onde você aprendeu a rezar?

– Mamãe ensinou.

– E sobre a verdadeira fé que você me ensinou?

O rapaz sorri contente e responde:

– Papai ensinou Palô.

E seu João resolve acompanhar Palô até sua casa e lhe pede para deixá-lo conversar com sua mãe. Lá chegando, o rapaz vai tomar seu banho e o homem pergunta a Maria José se ela sabe que seu filho fala com o pai em sonhos, o que ela confirma com um grande sorriso. Mas quando o velho amigo de Orlando lhe conta sobre o episódio do tornozelo, a mulher se mostra preocupada e lhe pede:

– Por favor, seu João, me atenda um pedido.

– Pois não.

– Não diga a ninguém sobre isso, por enquanto. Tenho medo de que as pessoas comecem a procurá-lo para que as curem e ainda não tenho opinião formada a respeito disso. Não sei, por exemplo, se isso aconteceu apenas com o senhor e não venha a acontecer mais. O senhor me entende?

– Entendo sim, dona Maria José. Também acho que o melhor é dar tempo ao tempo. Se benzer for uma missão dele, que tudo aconteça naturalmente e aos poucos.

– Obrigada, seu João.

– É um bom rapaz – diz, despedindo-se, e sem falar nada a respeito do ocorrido com os rapazes da escola.

* * *

Mas não foi necessário muito tempo para que Palô começasse a promover algumas curas, principalmente quando se tratava de entorses, contusões, torceduras, caxumbas, dores de garganta e até crianças choronas, quando junto delas ele conseguia ver algum Espírito que as assustava e, nesse caso, conversava com ele, convencendo-o a deixar a criança em paz, nunca reportando esse fato para a mãe, a fim de não assustá-la. E somente quando via seu pai com o homem de roupa branca é que se dispunha a curar. Quando não os via, dizia à pessoa que não poderia fazer nada, sendo que, nesses casos, aconselhava-a a procurar um médico. Por enquanto, notava-se que ele obtinha sucesso quando os problemas eram dessa ordem.

E Maria José, preocupada com o emprego do filho, lhe pede para que procurasse realizar esses tratamentos somente à noite, em casa, para que as pessoas não o atrapalhassem em seu trabalho.

E eram muitos os que o procuravam, já o chamando de benzedor. Apesar desse título com que o denominavam, seu Mendonça, presidente do Centro Espírita que Maria José frequentava e que Palô a acompanhava, nunca teceu nenhum comentário sobre isso. Mas Maria José se preocupava muito e, um dia, resolve procurar seu Mendonça para ouvir a sua opinião.

— Não se preocupe, dona Maria José, pelo fato de seu filho fazer essas benzeduras. Na verdade, ele, seu marido e o tal Espírito com roupa branca, que imagino ser quem o auxilia nesses procedimentos estão, não só fazendo o bem, como, principalmente, chamando a atenção das pessoas para esse fenômeno que nada tem de tão estranho. Veja a senhora que Palô cuida mais de inflamações, as quais, creio eu, mais passíveis de serem curadas pelos fluidos magnéticos que dele emanam e que são manipulados pelo Espírito, forças que Palô tão facilmente libera pelo seu grande desejo de fazer o bem, através da cura. E o mais importante que vejo em tudo isso é a mensagem que ele passa para todos que o procuram, a respeito da fé.

E estou de pleno acordo de que a verdadeira fé não é somente ver os nossos desejos satisfeitos, mas possuir a absoluta certeza de que, aconteça o que nos acontecer, é o que de melhor Deus, nosso Pai, nos estende como uma maneira de aprendermos e de evoluirmos. Muitas vezes, lágrimas podem desobstruir nossos olhos de partículas que enevoam a nossa visão sobre o verdadeiro sentido da vida.

— Como lhe relatei, é justamente isso que ele faz questão de pregar, logicamente com sua maneira simples de dizer as coisas. Disse ele que foi Orlando quem o ensinou.

— Seu marido deve ter sido um bom homem, dona Maria José.

— E foi mesmo, seu Mendonça.

— Pois então, não se preocupe tanto. Deixe Palô fazer o que faz e ensinar o que ensina. Somente tome cuidado para que as pessoas não exijam muito dele.

— É o que tenho feito. E agradeço muito por suas palavras. Saio daqui mais tranquila.

20. Depois da formatura

O TEMPO FOI passando e Palô, agora, com dezoito anos, consegue, por força da aposentadoria de seu João, ser nomeado seu substituto. Já não é mais ajudante, mas o principal responsável pela limpeza de duas praças e de um pequeno jardim. Continua a realizar as suas benzeduras e é, também, procurado por algumas pessoas que desejam os seus conselhos para os mais diversos problemas, no que é sempre auxiliado pelo Plano Espiritual.

Arlete, por sua vez, acabou de se formar e frequenta um curso preparatório para um possível vestibular para ingresso num curso superior. Estuda como boa aluna que sempre foi, mas não tem planos de cursar uma Faculdade, pois na cidade em que moram não há nenhuma e teria que se mudar, com certeza, para a capital, um tanto distante.

Na verdade, não tem planos para o futuro, apenas sonhos. Já assumiu, para si mesma, que ama Palô, apesar das dificuldades do rapaz. Sabe que é um amor impossível, pois seus pais não aprovariam nenhuma atitude sua a esse respeito. Percebe que ele também a ama, mas não vê solução, sendo que o que mais deseja é ficar ao seu lado. Ora fervorosamente para que Deus os ajude de alguma forma, mesmo que seja miraculosamente.

Sávio, Mércia e Maria José já chegaram a essa verdade: a de que os dois se amam e os três sofrem muito por isso, principalmente por Arlete, que não vai a lugar nenhum, não frequenta nenhuma festa e nem participa de nada com seus amigos, que vivem insistindo com ela. Mário tenta de todas as maneiras conquistá-la, mas sem êxito algum.

Nos finais de semana é difícil separar os dois, que passam horas e horas juntos, ou simplesmente conversando em casa, ou sentados numa sorveteria da cidade. A maioria das pessoas que os conhece, de alguma forma, sabe ou, pelo menos, desconfia do que alguns outros já chamam de namoro. Um namoro estranho, mas que não deixa de até ser admirado pelos que a tudo veem com bons olhos.

E o que mais importa nessa situação? – perguntam-se muitos. Não ter preconceito e levar adiante, ou raciocinar pelos termos práticos da vida? Uma jovem com um futuro de muito sucesso, no que diz respeito a uma boa situação financeira, com condições de estudar e realizar-se profissionalmente, ou com um futuro incerto, com certeza, pleno de dificuldades materiais? Pois o que pode um simples varredor de ruas e, ainda por cima, com problemas mentais, oferecer a ela?

Dessa maneira pensavam seus pais e, até mesmo, a mãe de Palô.

E numa tarde de domingo, Sávio e Mércia pedem à filha um pouco de sua atenção para um assunto muito importante. Arlete já desconfia do que se trata, pois já havia se passado mais de um mês quando tiveram uma conversa sobre esse assunto.

— Pois não, papai. Mamãe...

— Sente-se aqui, filha. Você sabe que a amamos muito e não medimos esforços para fazer o melhor por você. Já estamos em novembro e mês que vem terão início os vestibulares.

— Sei disso, papai.

— Não vamos lhe perguntar o que decidiu, filha, porque já podemos imaginar o que se passa em sua mente.

Arlete abaixa a cabeça, concordando.

— E também não queremos entrar no mérito de seus sentimentos por Palô.

Nesse instante, Arlete leva um susto com as palavras diretas do pai. Nunca imaginou que ele fosse falar sobre isso com ela. Levanta a cabeça, olhando assustada e igualmente aturdida. Volta o olhar para a mãe em busca de ajuda.

– Filha – diz Mércia –, sabemos de seu amor por Palô e gostaríamos que ele fosse diferente para poder realizar o seu sonho, mas...

– Não quero que ele seja diferente, mamãe.

– E o que pretende, então?

A moça não consegue falar, pois um nó na garganta a impede, além da falta de coragem de externar o que vem imaginando há muito tempo.

– Pode falar, filha, seja o que for. Somos seus pais e somente desejamos o seu bem e a sua felicidade – pede Sávio, profundamente preocupado, mas firme na decisão de auxiliar a filha amada.

– Penso...

– Fale, Arlete – pede, agora, a mãe –, fale para nós. Não iremos condená-la, seja o que for.

– Penso em... sei lá..., de alguma forma, penso em viver com ele, enfim, cuidar dele.

Momentos de silêncio desabam sobre os três, até que Sávio resolve levar adiante a conversa franca que resolveram ter naquele momento, conversa por diversas vezes protelada, por falta de coragem. Ele e a esposa já previam isso.

– Eu compreendo você, filha, mas vamos

examinar o lado prático dessa sua decisão. Palô não teria condições de sustentá-la, apesar de que, como filha única, casa para morar não irá lhe faltar e nem o que comer. Agora temos que pensar que eu e sua mãe não somos eternos. E quando nós faltarmos?

– Também não gostaria de viver às custas de vocês, papai.

Sávio pensa mais um pouco e resolve falar sobre uma solução, apesar de que não desejaria nunca estar falando sobre isso.

– E se você for estudar, filha? Poderá se formar, trabalhar e ter, você mesma, as condições para se sustentar e, talvez, ao Palô. Ele poderá continuar fazendo o que faz.

Com essas palavras do pai, Arlete parece ver uma porta se abrindo para ela. Até já havia pensado nisso, mas nunca havia imaginado que seu pai fosse concordar.

– O senhor realmente está falando sério? E a senhora, mamãe?

Mércia se levanta, abraça a filha e lhe diz:

– Filha querida, nós só queremos vê-la feliz. É lógico que gostaríamos de vê-la casada com um moço que fosse uma pessoa normal, mas o que podemos fazer, a não ser, de alguma forma, apoiá-la e ajudá-la?

– Agora, me diga uma coisa, filha – diz Sávio –, você já pensou sobre uma carreira que poderia seguir? Chegou a falar um dia em cursar Medicina.

– Penso que me daria bem com esse trabalho, além do que, imagino possuir vocação para essa profissão.

– Então, precisamos cuidar disso. Temos que fazer sua inscrição para o vestibular.

– E quanto a Palô? Vai lhe falar alguma coisa sobre o fato de sair daqui para estudar? – pergunta Mércia.

– Se levar adiante essa ideia, pretendo esperar o resultado dos exames de ingresso na Faculdade. Não vai ser fácil ficar longe dele para estudar, mas é o sacrifício que tenho que fazer. Ele, na sua ingenuidade e simplicidade, talvez venha a sofrer mais.

* * *

Quando ficam a sós, Mércia pergunta ao marido:

– Nunca pensei que você fosse concordar com isso, Sávio, mas penso que foi a melhor solução, pois o que podemos fazer? Pelo menos, ela irá estudar.

– Vou ser sincero com você, Mércia. Ainda tenho esperança.

– Esperança? Como?

– E vou rezar bastante, coisa que nunca faço.

– Ainda continuo a não entender.

– Tenho esperança de que Arlete consiga entrar em uma faculdade o mais longe possível daqui.

– Meu Deus, Sávio, como pode desejar isso?

– Que Deus me perdoe, mas penso que a distância será a melhor solução. Uma distância que a impeça de vir para cá toda semana.

– É nossa filha, Sávio. Não conseguiria ficar longe dela.

– E quem disse que ficaremos?

– Como assim?

– Assim que ela começar os estudos, nos mudaremos para uma outra cidade, o mais próximo dela. Há algum tempo, o meu renome como advogado não me obriga a residir onde represento meus clientes. E farei o sacrifício de viajar o que for preciso, ficar fora de casa o tempo que for necessário para afastar nossa filha de Palô. Não me leve a mal, querida. Não sou uma pessoa sem sentimentos, pois gosto muito do rapaz, mas penso que, com o tempo, Arlete possa vir a se interessar por outro.

– Não posso julgá-lo por isso, Sávio, porque, agora que você descortina essa possibilidade, também irei torcer e até rezar para que isso aconteça. Quem sabe?

21. O vestibular

MAIS UM MÊS SE passa e Arlete viaja para as capitais de São Paulo e do Rio de Janeiro, a fim de fazer os exames vestibulares, mas o que mais deseja é estudar em São Paulo, mais próxima de sua cidade. Seu pai a acompanha e ficam fora por quase um mês. Quanto a Palô, este compreende a necessidade de a moça ter de continuar os seus estudos.

E após alguns dias do retorno de Arlete, sai finalmente o momento do tão esperado resultado dos exames e ela e o pai retornam a São Paulo, aguardando, no pátio de uma escola, que a lista dos aprovados seja, por fim, afixada.

Mas seu nome não se encontra entre os classificados.

Viajam, em seguida, para o Rio, onde Arlete, para grande euforia de Sávio, consegue a aprovação para o ingresso no curso de Medicina.

— Rio de Janeiro, papai?

— Parabéns, filha! Você conseguiu!

– Mas é muito longe de casa.

– Arlete, o importante é que você foi aprovada. E não pode perder esta oportunidade. Como você mesma diz, foram provas muito difíceis.

– Eu sei, mas... não vou poder viajar para casa o quanto eu gostaria.

– Depois falamos sobre isso, filha. Vamos tratar de fazer sua matrícula o quanto antes. Existe um prazo, você sabe. E como já providenciei todos os documentos necessários, na plena confiança de que você iria conseguir, os trouxe aqui comigo.

– O senhor está falando sério?

– Seriíssimo, filha.

– Temos que avisar mamãe.

– Telefonaremos a ela assim que encontrarmos um telefone disponível. Até já a deixei preparada para essa possibilidade. Só não disse nada a você para que não se culpasse se, porventura, não lograsse êxito, também aqui no Rio.

– O senhor pensa em tudo, pai.

– Tudo bem?

– Preferia que fosse em São Paulo, mas não posso me dar ao luxo de desperdiçar um ano, tentando novamente uma vaga lá. Pode acontecer de eu não passar no exame. O que eu posso fazer, não é? Tenho que enfrentar. Só não sei como irei contar isso a Palô. Já seria difícil, mesmo ingressando numa escola em São Paulo.

— Ânimo, filha. No fim, tudo dará certo — diz Sávio, com um pouco de dor na consciência por estar enganando a filha, pois torcia por esse resultado, mas certo de estar fazendo o melhor para ela.

✳ ✳ ✳

— Quando você vai embora?

— Domingo, Palô.

— Medicina, não é?

— Isso mesmo. Vou estudar e depois volto para cuidar de você. Vamos morar juntos. Vamos nos casar.

— Vai ser médica, não?

— Vou ter um consultório. Papai me prometeu montar um.

— Você está feliz?

A moça gostaria de lhe dizer de sua infelicidade em separar-se dele, mas não quer entristecê-lo.

– Estou muito feliz.

– Palô fica feliz porque Arlete está feliz.

E lhe endereça um grande sorriso. Nessa hora, Arlete percebe o quanto Palô é bonito: beleza física e beleza na alma a transparecer pelos olhos. Quando sorri, seus olhos acompanham seus lábios.

– Você diz estar feliz. O que significa felicidade para você?

– Meu pai ensinou que felicidade é ver outro feliz e mais felicidade é fazer outro feliz, e mais felicidade é fazer muita gente feliz. Disse que felicidade, só para Palô, é pequena.

Arlete se comove ao ouvir o rapaz dizer isso e compreende, através da inspiração de Orlando, ali presente naquele momento, o que, verdadeiramente, Palô quis dizer, ou seja, que a única e verdadeira felicidade somente será alcançada a partir do momento em que passarmos a desejar e a nos alegrarmos com a felicidade do próximo, porque se nos exultarmos apenas com o que nos acontece de bom, isso é muito pouco se comparado com a alegria que sentimos cada vez que virmos ou tivermos feito alguém feliz. Isso porque a felicidade que tivermos somente com o que nos ocorre é limitada, mas a felicidade que sentirmos com a felicidade do nosso próximo é uma somatória infinita, porque é infinito o número de irmãos, filhos de Deus.

E lágrimas lhe vêm aos olhos.

— Arlete entendeu? Papai está ao seu lado.

— Seu pai, Palô?

— Ele fala melhor, para Arlete entender.

— Eu entendi, sim, Palô. Entendi tudo.

— É bom.

— Agora, tenho que ir. Ainda preciso comprar umas coisas. Ah, vou escrever para você.

— Palô lê muito devagar.

— Sua mãe vai ler para você. E vou deixar o meu endereço com ela. Se quiser, você fala e sua mãe escreve para mim. Vou falar com ela sobre isso. E se quiser, pode escrever com a sua letra.

— Se Arlete está feliz, Palô fica feliz.

— Até a noite. Vou na sua casa.

— Até a noite.

Arlete estava falando com Palô na hora do lanche dele, na praça. Contara-lhe sobre todos os seus planos. Mas, agora, sentia-se insegura. Será que ele não iria se esquecer dela? Não. Não acredita nisso.

Vai lhe escrever e pedir para Maria José que lhe escreva e que seja sincera. Vai lhe pedir, também, que escreva tudo o que Palô quiser lhe falar.

* * *

Mas nada acontece como ela planejara, pois seus pais, passados pouco mais de dois meses que ela partira, como já haviam planejado com antecedência, mudam-se para o Rio de Janeiro e Arlete vai morar com eles. Sávio aluga sua casa na pequena cidade e, movido por grande carinho que aprendeu a ter por Palô, doa a Maria José, com usufruto para o rapaz, a pequena casa em que eles moram. A mulher aceita por causa do filho. Mércia também lhe arruma um emprego como doméstica com uma amiga que mora ali perto, para que a mulher tenha o mesmo rendimento mensal que recebia. E quando estão se despedindo, Maria José lhe pergunta:

— Dona Mércia, diga com sinceridade. Com sinceridade de mãe para mãe. Por favor.

— O que você quer que eu fale, dona Maria José?

— Arlete não volta mais, não é?

— Vou ser sincera: não sei lhe responder o que irá acontecer.

— Arlete disse ter a intenção de voltar para cá, montar um consultório e cuidar de meu filho, morando juntos. Falou até em ter filhos.

— É o que ela pretende, realmente. Mas, e se ela conhecer alguém lá e se interessar...? A senhora me entende...

— É nisso que estou pensando. Veja bem, dona Mércia, não quero que Arlete faça nenhum sacrifício pelo meu filho. Só não posso deixar que ele se iluda, apesar de que nem sei até que ponto a sua mente registrou tudo isso. Sei que vai sentir muita falta dela, mas Palô é tão bom que parece feliz, pensando que ela está feliz. Sei que, no momento, ela está sofrendo muito, porque disse isso na carta que escreveu para Palô. Já lhe escrevi sobre ele, sobretudo sobre o que ela queria mais saber sobre seus sentimentos e mais algumas palavras que Palô me pediu que escrevesse para ela.

— Entendo a sua preocupação e lhe peço que, se porventura, Palô não mais falar nela, se não mais se lembrar dela, escreva sobre isso. Seja sincera com Arlete.

— Quanto a isso a senhora poderá ficar tranquila.

❋ ❋ ❋

E, realmente, Arlete, com o tempo, acaba por se deslumbrar com a cidade maravilhosa e, a cada mês, escreve um número menor de linhas para Palô, o que Maria José percebe com facilidade. Na verdade, a distância e a ausência do rapaz acabam por liberar a moça para o que pouco tinha vivido: a amizade com muitos jovens e uma crescente sensação de liberdade. E o que mais tem deslumbrado Arlete, nesses meses todos, é um outro estudante.

Ainda sente algo muito profundo pelo pobre Palô, mas Rafael, esse é o nome do estudante, a cobre de atenções e aquele grande amor do passado vai se diluindo com o passar do tempo.

Sávio e Mércia encontram-se muito satisfeitos. Rafael já começou a frequentar a casa deles e, realmente, trata-se de um bom moço, estudioso, educado e revelando possuir um grande e sincero amor por Arlete.

Mesmo assim, apesar de felizes com a mudança da filha, sentem pena de Palô que, certamente, a deve estar esperando, como tem relatado nas cartas, escritas por sua mãe.

– O que devo fazer, mamãe? – pergunta a moça, depois de quase um ano.

– Você gosta, de verdade, do Rafael?

— Gosto, mamãe, e até penso em me casar com ele, mas cada vez que me lembro de Palô, fico amargurada.

— Você tem duas opções, filha.

— Quais, mamãe?

— Ou você vai até lá e fala pessoalmente com ele, contando-lhe a verdade...

— Não tenho coragem, mãe.

— ...ou continua mantendo a correspondência, deixando para Maria José tomar alguma decisão. Com certeza, ela já deve ter percebido que seu amor por ele vem se arrefecendo cada dia mais.

— Não sei o que fazer, mamãe. Nem sei se gosto de Rafael tanto assim.

— Você tem que resolver isso, filha.

— Ainda vou enviar cartas a Palô, mamãe, mas quando tiver certeza do meu amor por Rafael, verei o que fazer.

— Faça como achar melhor, Arlete, mas, por favor, não engane nenhum dos dois. Você sabe que eu e seu pai torcemos para que dê certo esse seu namoro com Rafael, mas, também, temos muito carinho por Palô e por dona Maria José, sua mãe.

— E eu, mais ainda, mamãe.

22. Durante o sono

NAQUELA NOITE, Orlando e Feliciano, o Espírito que auxilia Palô nas benzeduras e que sempre se lhe apresenta com roupas brancas, conversam sobre o rapaz, aguardando o seu desprendimento durante o sono, para entrarem em contato com ele.

— Não vejo o momento de abraçar meu filho — diz Orlando ao seu amigo e benfeitor. — Ele deve estar sofrendo pela separação de Arlete.

— Ele vai superar, Orlando. A Providência Divina é sábia e generosa. Veja você que, apesar da deficiência que seu filho possui, que lhe impõe dificuldades de aprender por causa da má conformação de seu cérebro, ele é bastante feliz e vê o que muitos não conseguem enxergar.

— Você tem razão. Palô, pelo fato de, muitas vezes, não saber como as coisas ou fatos funcionam ou existem, ou mesmo, ocorrem, tem sua atenção voltada mais para a beleza dessas coisas ou fatos.

– Sua atenção se volta mais para o que é bom.

– Mas deve sofrer fisicamente, não...?

– É... sei o que quer dizer...e sofre porque, apesar de seu problema mental, já é um homem. Graças a Deus, possui um bom controle sobre isso. De qualquer forma, como você já tem conhecimento, ele já fez muitos Espíritos sofrerem nesse campo do sexo e das paixões, em vidas passadas.

– Sim... Mas você acha que, se porventura, ele e Arlete viverem juntos, poderão ter uma vida normal, terem filhos...?

– Poderão sim, Orlando.

– E acha que isso vai acontecer?

– De eles viverem juntos?

– Sim...

– Não sei, meu amigo, mas já tenho ciência de que ela estaria se envolvendo emocionalmente com um outro rapaz. E nada podemos fazer e nem devemos, pois não temos a capacidade para sabermos o que é o melhor para a evolução dos dois. Além do mais, há o livre-arbítrio.

– Sei disso... Pobre Palô...

– Não se entristeça, Orlando, pois sabe também que essa vida do rapaz está lhe sendo como um bendito mata-borrão de muitos de seus débitos. Na verdade, Palô está dando enorme passo em sua evolução.

– Você tem razão, Feliciano.

Nesse momento, o rapaz, que já se encontra adormecido, se desprende do corpo físico e, como Espírito que é, envergando seu corpo espiritual ou perispírito, corpo esse que é tangível e material para a outra dimensão da vida, se encontra com o pai e o amigo que se encontram em seu quarto. Um fio luminoso, de natureza fluido-magnética, o mantém ligado ao corpo que se encontra adormecido sobre a cama.

– Pai!

Radiante, Palô abraça Orlando e beija-lhe a mão. Em seguida, coloca-se à frente de Feliciano, olhando-o com muito respeito, não ousando tomar nenhuma atitude, apesar de sua aparente vontade de abraçá-lo também. E o Espírito, bastante iluminado, aproxima-se e lhe diz:

– Deixe-me abraçá-lo, Palô. Gosto muito de você e o considero como um filho do coração.

E os dois se abraçam e o rapaz não consegue conter lágrimas de emoção, no momento em que Feliciano inclui seu pai num abraço a três, repartindo com eles, sua intensa luminosidade.

– E, então, filho? – pergunta Orlando, ao se desvencilharem do carinhoso amplexo. – Como se sente?

– Bem, pai. Sabe... quando estou, como agora, sem meu corpo material, tenho mais facilidade e mais rapidez para compreender as coisas, as frases. Não levo tanto tempo para entender o sentido exato do que me falam. Não posso reclamar, porque melhorei muito desde a minha infância. O pai deve ter percebido que até falo melhor e que palavras que nunca utilizo me vêm à cabeça. Na verdade, quando estou no corpo, digo acordado, nem conheço muitas dessas palavras e se as ouvir, não as compreendo. Parece que meu cérebro material aprisiona meus pensamentos.

– Isso é verdade, Palô – explica Feliciano. – E se quer saber, muitos Espíritos encarnados que possuem esse mesmo problema que você, quando desligados do corpo, na emancipação da alma, durante o sono, não têm essa facilidade que você possui. Também possuem no cérebro perispiritual as mesmas dificuldades ou anomalias que o cérebro mais material possui. No seu caso, Palô, você, assim como outros Espíritos, detém essa libertação quando fora do corpo mais denso, porque já possuem o conhecimento do Bem e o praticam.

– Eu gostaria de saber por que tenho essa deficiência mental.

– Por que, Palô? – pergunta-lhe Feliciano.

– Acho que viveria melhor, sabendo. Meu pai já me falou que o melhor é o esquecimento que Deus nos oferece e eu entendo isso, porque, senão, as pessoas não iam conseguir viver com as que lhes fizeram algum mal no passado e pior ainda seria as outras saberem sobre o mal que fizemos a elas, mas no meu caso... se eu soubesse os erros que cometi, procuraria fazer mais bem para os outros.

– O que você acha, Feliciano? – pergunta Orlando.

– São raríssimos os Espíritos que teriam condições de saber sobre o próprio passado, principalmente, se cometeram muitos erros que vieram a prejudicar muitos outros, mas penso que Palô é um desses Espíritos. Vou consultar meus Superiores e depois lhe falo. Se for o caso, você fala com ele, não durante a emancipação da alma, mas pela audição.

Os dois Espíritos olham para Palô que, por alguns segundos, se mantém pensativo, até que toma a palavra:

– E Arlete, papai? Quase não escreve mais. Será que está me esquecendo?

– Não sei, filho – responde Orlando, sem revelar a Palô o que Feliciano lhe havia dito. – Você deve esperar e aceitar o que a vida lhe dispõe como aprendizado. E não se magoe com a moça, aconteça o que acontecer.

– Palô não vai se magoar com ela, papai. Quero que ela seja feliz, mesmo que eu fique triste. Tenho vontade tão grande que Arlete seja feliz, que farei qualquer sacrifício. O senhor vê como falo melhor quando estou aqui?

– Sim, filho – responde Orlando, sorrindo.

– E qual a lição da noite, Feliciano?

– Bem... já que seu pai falou em não se magoar, gostaria de ouvir alguma coisa sobre esse assunto?

– Gostaria muito.

– Pois bem, as mágoas são como ferimentos que têm de ser medicados convenientemente, pois correm o risco de se infeccionarem e nos causar graves lesões, muitas vezes se tornando crônicos sofrimentos a nos acompanhar pela vida afora.

As mágoas são feridas mentais que necessitam ser desinfetadas imediatamente através da compreensão e do controle emocional e, por algum tempo, medicadas com o unguento da tolerância e protegidas com as ataduras do esquecimento.

Essas são as ataduras mais eficazes para que essas feridas não se transformem em verdadeiras pústulas de ódio que, sem dúvida alguma, concorrerão para um inevitável comprometimento psíquico, a nos tirar toda a saúde mental e física, estejamos nós onde estivermos, ou seja, no plano mais material ou no verdadeiro plano, após a morte do corpo físico.

Portanto, se for difícil o perdão, que é o mais poderoso remédio para a cicatrização rápida da mágoa, devemos, pelo menos, utilizar o curativo do esquecimento que, apesar de mais moroso, acabará metabolizando o salutar medicamento que Jesus nos receitou quando disse: Perdoai setenta vezes sete vezes.

253

Além do mais, podemos ter a plena certeza de que ninguém nos magoa por acaso, pois, ou temos, o que é mais comum, enorme culpabilidade nesse acontecimento, ou, simplesmente, Deus colocou o ofensor em nosso caminho para que pudéssemos realizar algo por ele, esperando que entendamos que todos somos criaturas diferentes, umas mais avançadas, outras menos avançadas, por força do tempo vivido por nós, tempo diferente para cada Espírito, além do grau de aproveitamento particular de cada um de nós.

E se tivermos a provável culpabilidade, necessitamos compreender que, na verdade, estamos realizando um grande mal a esse irmão que, se não fosse por nós, não estaria se comprometendo com um ato de agressividade a lhe causar, também, um grande dano a si próprio.

De qualquer maneira, o perdão, sem ostentação ou qualquer sinal de superioridade, porque perdoar deve ser uma atitude de humildade, já é um grande instrumento de ensino, através do próprio exemplo, que, sem dúvida alguma, em muito beneficiará o semelhante.

E esse benefício trará enorme felicidade futura ao nosso pretenso ofensor, bem como, grande alegria àqueles que o amam, aos Espíritos que o fizeram cruzar os nossos passos e a Deus, que espera que todos nós, seus filhos, amados sem distinção, nos tornemos felizes criaturas, a seu serviço no Bem.

– Bonita lição – diz Palô.

– Você a compreendeu bem, filho?

– Compreendi, pai.

23. Revelação do Espírito Orlando

MAIS TRÊS MESES se passam e, numa noite, Palô e sua mãe terminam de jantar e ficam em silêncio, ainda sentados à mesa. Maria José sabe que quando isso acontece é porque o filho está pensando em algo para lhe dizer, por isso se mantém sentada, aguardando.

– Mamãe, chegou carta da Arlete?

– Não, filho.

– Muito tempo, não? – pergunta o rapaz que, pela sua deficiência, acaba por não notar muito a passagem do tempo, já que parece viver mais para o presente.

– Um bom tempo.

– Arlete esqueceu Palô, mãe.

– Você acha que ela não gosta mais de você? – pergunta Maria José, na tentativa de que o rapaz comece a pensar sobre isso.

– Arlete gosta de mim, mas penso que está namorando.

– Você acha que Arlete está namorando alguém?

– Eu não esqueço ela, mas, longe, ela esquece.

– Pode ser, filho. Palô vai ficar triste se Arlete estiver namorando alguém e não voltar mais?

– Sofro, mãe, mas fico feliz se ela está feliz.

– Filho, você deve esquecê-la, para não sofrer.

– Palô precisa sofrer. Para aprender.

Maria José se admira com as palavras do filho e resolve seguir com a conversa, pois tem um pressentimento pelo que ele acaba de dizer.

– Aprender por quê?

– Papai disse.

– No sonho?

– Não mais no sonho. Acordado.

– E desde quando seu pai fala com você sem ser em sonho?

– Não sei.

– E em que lugar ele fala com você? – pergunta, sem se magoar pelo fato de o filho não lhe ter dito nada antes, pois sabe que ele é assim. Muitas vezes se esquece ou, será que, desta vez, não queria lhe falar?

– Papai fala na praça.

– E você o vê?

– Vejo pouco. Depois, escuto aqui – responde, mostrando a cabeça.

– Você ouve seu pai falar dentro de sua cabeça?

– Escuto.

– E o que ele lhe disse a respeito de você ter de sofrer para aprender?

– Outra vida, mãe.

– Outra vida? Você quer dizer outra encarnação? E o que você sabe sobre isso?

– Papai falou.

– E você compreendeu bem sobre a encarnação?

– Entendi, mamãe.

– Entendeu que temos que viver muitas vidas para termos a oportunidade de corrigir nossos

erros e, ao mesmo tempo, irmos aprendendo? –
Maria José faz essa pergunta, sem se importar em
trocar em miúdos para que o filho a compreenda,
pois está achando que o filho já está compreendendo
bem o que lhe falam.

– Palô entende, mamãe. Demora, mas entende.

– Papai lhe falou de alguma outra vida que
você viveu?

– Falou. Palô rico... muito mau... fere pessoas...
fere Arlete... Arlete boa... fere Arlete... tira casa das
pessoas... muita gente... gente fica igual a Palô...

– Igual a Palô?

O rapaz faz enorme esforço até que consegue
pronunciar.

– Dé... bil mental. Muita gente.

– Não posso crer que seu pai lhe tenha dito
isso.

– Para o bem de Palô, mamãe.

– Como para o seu bem?

Nesse momento, Palô olha para o lado e
pede:

– Conta para ela, pai! Conta para ela! Fala

260

pela boca de Palô! Palô reza Pai Nosso... Papai fala pela boca de Palô!

O rapaz, então, inicia a prece e, de repente, começa a falar com Maria José, que percebe claramente não ser seu filho, mas Orlando, seu marido, quem lhe fala. Por certo, falando com as suas ideias e expressões, num linguajar mais correto, porém, entremeado com as dificuldades do filho, tendo em vista a interação entre médium e Espírito.

Entretanto, Maria José, acostumada a compreender tudo o que o filho fala, e amparada por Espíritos benfeitores, consegue muito bem assimilar a mensagem do marido que, ao seu entendimento, lhe soa assim:

– Maria José, que Deus a abençoe. Nosso filho é um homem completo, não é uma criança e estava sofrendo muito ultimamente porque, pela dor da separação, afloraram-lhe alguns pensamentos negativos que ele nunca teve nesta presente encarnação. Sempre foi um menino bom, sem nenhum sentimento ruim no coração. De qualquer maneira, ele soube conter todo e qualquer ímpeto inferior. Continuou seu trabalho, continuou com suas benzeduras, que nós sabemos serem operadas por Espíritos que possuem essa capacidade de manusear suas energias, principalmente por força de sua bondade. E, por esse motivo, pelo fato de vir sofrendo cada vez mais, obtive permissão para lhe falar sobre o seu passado, na tentativa de que ele compreendesse que Deus é misericordioso e que lhe está dando uma grande oportunidade de cumprir com o que lhe resta de resgate.

– O que lhe resta? – pergunta a mulher.

– Isso mesmo. Não foi em sua última encarnação que tudo o que ele lhe disse aconteceu e ele sabe disso, pois lhe falei. E, pode crer, foi muito bom para ele. Compreendeu como um Espírito, sem as limitações que seu cérebro deficiente lhe dificulta, mas, agora, compreende como deficiente que é, ou seja, apenas sabe e aceita, sem a lembrança pormenorizada do que lhe revelei.

– Isso me tranquiliza. E pelo que entendi, tudo ocorreu em encarnação anterior à sua última, antes de nascer como nosso filho?

– Bem anterior.

– E só agora...

– Deus é tão misericordioso, Maria José, que, muitas vezes, nos proporciona a mais pesada experiência na carne, aquela que mais nos possa auxiliar, quando já nos encontramos em condições apropriadas para suportar essa difícil, mas benfazeja encarnação. E nunca nos coloca sobre os ombros um fardo maior do que o que podemos suportar.

— Quer dizer que em sua encarnação anterior a esta, ele já era um Espírito melhor?

— Isso mesmo.

— E ele sabe disso...

— Sabe.

— E você vai me contar como foi a encarnação que provocou esse resgate de agora?

— O que for possível, Maria José, porque também fizemos parte dessa história.

— E o que ele fez de tão grave?

— Nobre, rico e influente, não se importava com o sofrimento alheio para satisfazer os seus mais torpes desejos.

— Nosso filho foi assim?

— Não fique tão impressionada, mulher. Eu e você fomos piores.

— Meu Deus!

— Na verdade, Maria José, praticamente quase todos os Espíritos que vivem há milênios nesta Terra bendita, já passaram pela experiência da maldade, causada pela vaidade, pelo orgulho, pelo egoísmo, tivessem sido eles ricos ou pobres. Muitos dos homens e mulheres mais santificados da atualidade, trilharam, em passado longínquo ou próximo, os caminhos mais perversos de suas mentes egoístas. E foi com o bendito sofrimento que acabaram por se depurar, iniciando trajetórias no Bem, rumo à verdadeira felicidade.

– E Palô?

– Nessa encarnação repleta de erros, levou muitas pessoas ao desespero, à revolta, ao ódio, aos mais terríveis desejos de vingança, sentimentos esses que, fatalmente, dão início a dolorosos processos de alienação mental. E hoje, Palô, nosso atual filho do coração, está tendo a chance de viver essa experiência não só instrutiva, como um misericordioso refúgio contra seus ainda inimigos.

– Inimigos?

– Você não se lembra dos lagartos que ele via?

– Sim, mas o que tinham eles com tudo isso?

– Tristes vítimas que, de tanto ódio, acabaram se tornando prisioneiros do mal.

– E o que eles queriam?

– Palô viveu algumas vidas sem ser descoberto por esses infelizes. Somente quando encarnou como nosso filho, com essa deficiência, a Providência Divina permitiu que fosse descoberto.

— Mas, por quê? Não estaria ele mais vulnerável, por força de sua debilidade mental?

— Engano seu, Maria José. Que mal conseguiram esses Espíritos sofredores lhe fazer? Nenhum, pois, na sua ingenuidade, os tratava com carinho, sem se amedrontar, e nunca se colocou a mando de nenhum para fazer qualquer coisa errada. Muitos deles foram auxiliados com o exemplo e a coragem dele. Outros se afastaram por esse mesmo motivo. Nada conseguiam dele. E outros, ainda, se contentaram em vê-lo nessa situação, achando que ele já estaria, por demais, castigado.

— Meu Deus! E onde Arlete se encontra nessa história toda?

— Arlete foi sua esposa e ele a expulsou, deixando-a à míngua, enlouquecido por ciúme doentio, quando soube que ela não mais o amava, que o traíra e que se encontrava grávida. Por sua vez, ela acabou se vingando, envenenando-o, através de uma serviçal que lhe preparava o alimento.

— E ele morreu por esse envenenamento?

— O veneno lhe corroeu as entranhas.

– Então, ela terá que resgatar isso também.

– Não sei de detalhes a esse respeito, Maria José, e nem posso saber.

– Pobrezinha. A culpa, no fundo, foi dele.

– Com certeza, mas de alguma maneira ela terá que aprender ou já pode ter aprendido que, em nenhuma hipótese ou motivo, podemos tirar a vida de um semelhante.

– Talvez seja esse o motivo dessa dedicação que ela teve ou ainda tem por ele e a vontade de tomá-lo aos seus cuidados.

– Você compreende bem.

– E agora, Orlando?

– Vou continuar auxiliando nosso filho, procurando sustentá-lo em todas as suas dificuldades. E não se entristeça. Palô já é um Espírito bom, pois vem vencendo as grandes batalhas da vida, com muita humildade e simplicidade, os ingredientes necessários para iniciar um caminho em direção à felicidade. Que Deus a abençoe, Maria José. Mãe bendita.

Em seguida, Palô passa por ligeiros tremores, parecendo despertar de um transe, e demorando para entrar na realidade do que aconteceu, até mesmo para lembrar-se de que pedira ao pai para comunicar-se com sua mãe, através de sua mediunidade. Até que, minutos depois, pergunta à mãe:

– Papai falou?

– Falou, filho.

– Mamãe entendeu?

– Entendi tudo, Palô. Você pensa muito nisso?

– Palô esquece. Papai pediu Palô esquecer.

– É melhor, filho.

– Melhor.

– Você está bem?

– Estou feliz. Papai falou com mamãe.

Maria José abraça o rapaz e o beija carinhosamente.

– Palô é um bom menino.

– Feliz. E com sono.

– Vou lhe preparar um copo com leite.

Segunda Parte

24. Um estranho na cidade

– César! César!

– O que foi, Marilda? – pergunta o homem, sentado na poltrona de sua casa, lendo um jornal, à mulher que entra, afoita, trazendo, nas mãos, quatro sacolas de supermercado.

– Alguém acabou de se hospedar aí na pensão do seu Antonio.

– E daí, mulher? Pensão é para isso mesmo.

– Mas não é nenhum daqueles que costumam se hospedar, que são os representantes comerciais, os vendedores, enfim, sempre os mesmos.

– E como é ele, Marilda? – pergunta o marido, procurando atender à expectativa da esposa que espera que ele lhe pergunte isso.

– Tem jeito de gente grã-fina. Deve ter uns cinquenta anos de idade.

– Cinquenta e seis, mais precisamente.

– Como você sabe?

– Você se esquece de que sou muito amigo de seu Antonio? E essa pessoa está hospedada desde ontem.

– Que mais sabe sobre ele? Não... não me diga nada, me conta depois. Agora vou até a janela.

– Não fique bisbilhotando, Marilda.

– Disfarçadamente, César. Ninguém vai me ver por detrás da cortina.

O marido dá um pequeno suspiro de resignação, pois sabe que sua esposa não consegue conter a curiosidade e continua a ler o jornal. Na verdade, tenta lê-lo, pois Marilda não para de lhe narrar o que ocorre na entrada da pensão, onde, com certeza, se encontra o homem, talvez conversando com alguém ou, simplesmente, tomando um café no balcão do estabelecimento; todos que chegam têm que tomar um cafezinho com seu Antonio. O dono da pensão tem uma superstição doida. Acredita que, quanto mais o hóspede tomar de seu café, mais vezes voltará a se hospedar ali.

– Ele está tomando um cafezinho com seu Antonio.

César, pacientemente, dobra o jornal e fica ouvindo a mulher.

— É um homem interessante. Muito bonito, bem vestido. O que será que veio fazer nesta cidade, César? Parece que está procurando por alguém, porque mostra um pedaço de papel a seu Antonio e este meneia a cabeça negativamente.

— E daí, Marilda?

— Nada. Apenas gostaria de saber o que veio fazer.

O homem limita-se a sorrir, pois sabe que o melhor ainda está por vir.

— César!

— O que foi, mulher?

— Ele foi para dentro da pensão.

— Sim...

— Mas deixou uma pasta preta em cima do balcão. E se alguém roubá-la?

— Talvez seu Antonio esteja tomando conta da pasta para ele. Seu Antonio não está do lado de dentro do balcão?

— Não. César! Alguém pegou a pasta e vai saindo com ela! É o Jorge que visita os médicos. Será que ele deu para roubar pastas? Venha até aqui! Ele ainda está parado na calçada.

César vai até a janela e, realmente, vê Jorge com uma pasta preta numa das mãos. De repente, ele vira, começa a caminhar pela calçada e César dá gostosa gargalhada, voltando a sentar-se.

— De que você está rindo?

— A pasta é do Jorge, Marilda.

— Como você sabe?

— Quando ele se virou, vi na pasta o logotipo do laboratório para o qual ele trabalha. A pasta é dele, mulher.

— Olhe lá, César. O estranho está saindo da pensão e entrando na padaria. Tenho que ir até lá.

— Como você é curiosa, mulher!

— E o que é que tem? Gosto de saber das coisas. Já volto.

E Marilda sai em direção à padaria, compra os pães e volta logo em seguida.

— E, então, Marilda, você o viu?

— Vi. E dona Gertrudes também.

— E como é ele?

— É um senhor com as têmporas grisalhas, bastante simpático. Eu o cumprimentei e ele respondeu ao meu cumprimento com um discreto sorriso.

Pareceu-me ser um bom homem. Bem mais novo que você, César.

— Como lhe disse, ele tem cinquenta e seis anos.

— César! Você está sabendo muito a respeito desse estranho. Já conversou com ele?

— Não, Marilda, como já lhe falei, foi seu Antonio quem me disse o que sei a seu respeito. Sei disso porque esse homem se hospedou ontem à tarde e, hoje de manhã, bem cedo, fui lá tomar um café.

— E o que mais sabe sobre ele?

— Bem... sei que se chama Sotero e se encontra aqui de passagem, mas não sabe por quanto tempo vai ficar hospedado. Talvez uns três dias, uma semana ou mais e que depende do tempo que levar para fazer algo que não precisa me perguntar o que é porque nem o seu Antonio sabe ou, pelo menos, não sabia hoje de manhã.

— Veja, ele está voltando para dentro da pensão.

— Marilda, meu amor, novamente lhe peço: pare de bisbilhotar. Tenho certeza de que até hoje à noite já estará sabendo tudo a seu respeito. Por própria investigação ou por conta de suas amigas que, logo ao saberem de sua presença, tudo farão para saber quem ele é, se é casado, o que ele faz, que número de roupa usa, que remédios toma e para quê...

– César, pare com isso, vamos – diz a mulher, saindo da janela e dirigindo-se até a poltrona onde ele se encontra refestelado, fazendo-lhe um carinho nos cabelos. – Você sabe que é nossa diversão. Minha e de minhas amigas.

– Diversão, Marilda? – pergunta o marido, com um sorriso nos lábios.

– Diversão, sim. Você e seus amigos não se divertem jogando bocha ou baralho? Nós nos divertimos, bisbilhotando.

Nesse exato momento, Sotero, o estranho inquilino da pensão de seu Antonio, começa a arrumar algumas roupas que retira de sua mala, colocando-as num guarda-roupa, e outros acessórios numa gaveta da cômoda. Por sobre uma mesinha, coloca alguns papéis e o retrato de sua esposa.

– Você sempre foi muito bonita e, mesmo com cinquenta e quatro, ainda mantém o mesmo sorriso meigo e terno. Sei que vou amá-la para sempre e nada, nem a morte me fará deixar de amá-la.

Nesse instante, Sotero sorri, melancolicamente, ao se lembrar de um filme a que havia assistido, no qual, um casal de idosos havia se reencontrado depois da morte e com a mesma aparência dos jovens enamorados que foram.

E como se estivesse falando com a esposa, reafirma algo que lhe parece ter prometido:

– Vou cumprir com o que lhe prometi, minha querida. Você verá. Pena que perdi o endereço que você me deu e também não me lembro mais do apelido. Mas me lembro do nome. Se não conseguir, ligo para você perguntando. Se não for preciso, melhor, senão vai pensar que não dei a devida atenção ao seu desejo.

Levanta-se e, trancando a porta do quarto, passa pelo saguão, toma mais um cafezinho com seu Antonio, mais para agradá-lo, pois já percebera que ele gostava disso, e sai para a rua.

25. Bráulio e Anita

SOTERO ENTRA NUM pequeno merca-
do e a maioria dos presentes volta o olhar para
ele. Afinal de contas, naquela pequena cidade, os
moradores daquele bairro se conheciam bem e,
certamente, identificariam um estranho que ali en-
trasse, além do que, Sotero chama a atenção pela
elegância com que se veste e pelo largo sorriso que
sempre mantém. Educada e discretamente, cumprimenta a todos.

Compra um pacote de bolacha, algumas fru-
tas, refrigerante e um jornal da cidade, passando, a
seguir, pelo caixa e pagando tudo com dinheiro. E
retira-se, não sem antes despedir-se com um bom
dia, percorrendo com os olhos os mais próximos e
que o fitavam com curiosidade.

– É a primeira vez que esse senhor vem aqui,
Celina? – pergunta uma senhora à caixa que o havia
atendido.

– Penso que sim, dona Zilda. É a primeira

vez que o vejo. Deve ser um novo morador aqui do bairro.

– Ele se encontra hospedado na pensão de seu Antonio – informa uma outra senhora que ouvira a conversa. – Mas não me parece um vendedor. Parece mais um turista.

– Turista? Nesta cidade pequena? – ri a primeira das mulheres.

– Modo de dizer.

– Bastante simpático... – comenta dona Zilda.

Chegando à pensão, Sotero aguarda a hora do almoço lendo o jornal da cidade e cochilando por quase uma hora; depois, dirige-se até o refeitório onde já encontra alguns hóspedes sentados, almoçando. Acomoda-se sozinho numa mesa de canto, come bem devagar, saboreando a comida e retorna ao quarto onde, após escovar os dentes, recosta-se numa poltrona e começa a falar consigo mesmo:

– Esta cidade, apesar de pequena, cresceu bastante desde quando a vi há quase trinta anos, para buscar uns documentos.

Subitamente se levanta e sai.

– Vou começar a percorrê-la agora mesmo.

E dirige-se até a praça principal, percebendo que casas comerciais ali se encontram instaladas, bem como nas próximas ruas transversais e, também, nas que são paralelas, em ambos os lados. Na verdade, tudo ali lhe é novidade, pois estivera naquela cidade por uma única vez e rapidamente. Caminha pelas calçadas e entra num bar e café, que no momento se encontra sem fregueses e onde um senhor se encontra por detrás do balcão.

– Boa tarde.

– Boa tarde – responde o homem, de maneira simpática. – Em que posso servi-lo?

– Gostaria de tomar um café com leite.

– Nesta xícara pequena ou nesta caneca? – pergunta o homem.

– Na caneca, por favor.

O balconista que, ao que tudo indica, parece ser o proprietário, começa a preparar a bebida.

– O senhor pode se sentar a uma das mesas, que eu lhe sirvo num instante.

– Obrigado, senhor...

– Meu nome é Bráulio e o seu?

– Pode me tratar por Sotero, que é o meu sobrenome.

– O senhor se encontra de passagem pela cidade? Não me lembro de tê-lo visto antes, apesar de que a cidade cresceu e já não conheço mais todos os seus moradores. Antigamente conhecia todos os habitantes, onde moravam, o que faziam e, por força do meu trabalho, chegava até a saber de seus problemas, pois este bar era frequentado por quase todos os homens. Hoje, até as mulheres aqui vêm para saborear o meu café ou comer doces, mas, antigamente, isso não era possível. Mulher não entrava em bar. Ainda bem que tudo isso mudou, pois ganhei mais fregueses, não é?

– Isso é verdade – responde Sotero, percebendo que o homem mora ali há muito tempo e que gosta de conversar. – E já que o senhor falou, gostaria de comer um doce também, talvez..., aquele pedaço de bolo, ali.

– É muito gostoso, pode crer. Foi minha mulher quem o fez. Aliás, todos os doces deste bar são confeccionados por ela. Ela se chama Anita e, assim como eu, também nasceu nesta cidade e, se quer saber, nunca saímos daqui. Este bar foi herança. No tempo de meu avô, era um pequeno armazém. Depois, meu pai o transformou em bar e, agora, apesar de eu tratá-lo por bar, minha mulher não gosta. Ela quer que eu o chame de lanchonete e é o que se encontra escrito no letreiro: "Lanchonete da Anita". E fui eu mesmo quem lhe deu esse nome em homenagem à minha esposa. E como o nome diz, servimos lanches. De todos os tipos. Pode olhar nesse cardápio que se encontra aí à sua frente. São lanches deliciosos e cada um com um nome diferente..., mas também está escrito aí do que ele é feito.

Sotero abre o cardápio, por sinal muito bem elaborado e percebe boa variedade de lanches, além da lista de sucos, doces e outros salgados.

– Muito bom, seu Bráulio. Muito bom. Qualquer dia destes virei comer um. Infelizmente, almocei há pouco tempo e não tenho fome suficiente para comer um lanche assim tão bem recheado. Vou me contentar com um pedaço do bolo.

– Será um prazer atendê-lo, seu Sotero. Só lhe peço que desculpe esse meu jeito um tanto atabalhoado de falar. Minha mulher diz que falo demais, mas o que posso fazer? Gosto. Anita também gosta. E, na verdade, os meus amigos e frequentadores daqui apreciam a nossa conversa, pelo menos é o que me parece.

– Não se preocupe, seu Bráulio. O senhor é muito simpático e estou gostando de ouvi-lo. E isso é bom, sabe? As pessoas, hoje em dia, são muito fechadas. Parece que têm medo de falar. Também não sou de falar muito, mas gosto muito de ouvir. Talvez não fale tanto, porque morei toda a minha vida em cidade grande, onde pouco tempo temos para uma boa conversa.

– O senhor é de São Paulo?

– Isso mesmo.

– O senhor está aqui de passagem? – pergunta novamente o dono do bar, já que Sotero não lhe respondera quando lhe perguntara antes.

– Talvez por alguns dias.

– A negócios?

– É... posso dizer que sim. Um negócio particular.

Nesse momento, o homem se dirige até uma porta que, certamente, dá acesso ao interior de sua casa e chama por alguém:

– Anita! Anita! Venha cá!

Alguns segundos se passam e uma senhora aparece.

– O que foi, Bráulio? Por que essa gritaria toda?

– Quero lhe apresentar o senhor Sotero que se encontra de passagem, a negócios.

– Muito prazer, seu Sotero – diz a mulher, sorrindo. – Seja bem-vindo e espero que goste desta cidade.

– Já estou gostando muito.

– O senhor me desculpe a curiosidade, mas vai abrir um negócio aqui? – pergunta a mulher que, amiga de Marilda, também curte a bisbilhotice.

– Não, não vou abrir nenhum negócio, apesar de, como já disse, estar apreciando muito esta cidade

– Que pena, nossa cidade está precisando de novos investidores.

– E o que o senhor faz, seu Sotero? Trabalha com quê?

– Sou empresário na capital – responde o homem, disfarçando sua principal profissão.

– E está hospedado na pensão de seu Antonio? – pergunta Anita.

– Isso mesmo. Uma boa pensão.

– Ah, sim – diz Bráulio. – Seu Antonio é muito dedicado. O senhor já provou do seu cafezinho?

285

– Já provei. Muito delicioso.

– É uma mania dele. Quer que todo mundo tome do seu café.

– Já notei isso e pretendo tomar muitos.

– Seu Sotero, gostaríamos que o senhor ficasse à vontade para nos procurar se necessitar de alguma coisa – diz Bráulio, no que concorda a mulher, com significativo sinal de cabeça.

– Muito obrigado a vocês e agora devo ir-me. A propósito, gostaria de saber se o senhor ou a senhora conhecem uma pessoa com o nome de Paulo Severiano. Sei que ele possui um apelido, mas não consigo me lembrar.

– Paulo Severiano?... Esse nome não me é estranho... Você conhece, Anita?

– Também não me é estranho, mas não me lembro.

– De qualquer maneira, obrigado e muito prazer em conhecê-los.

– O prazer foi nosso, seu Sotero – responde o homem.

O casal o acompanha até a porta e ficam a vê-lo desaparecer na esquina.

– Um homem simpático e muito educado – comenta Bráulio.

Nesse momento, Marilda entra no bar.

– Dona Marilda, aconteceu alguma coisa? Nunca vem aqui a esta hora – pergunta Bráulio que, sabedor da curiosidade da esposa de César, já imagina que ela estava à procura de novidades sobre Sotero.

– Bem... é que... estava passando por aqui e vendo Anita, resolvi dar dois dedos de prosa. A propósito, você conheceram o homem que se hospedou na pensão de seu Antonio? Vi quando ele saiu daqui.

– Quem lhe informou que ele estava aqui no bar? – pergunta Anita, com um sorriso a demonstrar conhecimento do que certamente havia acontecido e a outra, devolvendo-lhe o mesmo tipo de sorriso, lhe responde, sem titubear:

– Foi Carmem. Até pensei que fosse encontrá-la aqui.

Anita olha para o outro lado da praça e vê a mulher que lhe acena da porta de uma relojoaria, o que lhe arranca alegre, mas discreta gargalhada.

– Só não veio porque está sozinha na loja.

Mas você veio bem ligeiro, não, Marilda? Se César fica sabendo...

– Ele já nem liga mais, penso até que se diverte. Na verdade, tanto César quanto Bráulio, seu maridinho, sabem que a nossa curiosidade é ingênua e que apenas nos divertimos com as novidades. Nada fazemos de mal e nem de errado.

– Paulo Severiano... – balbucia Bráulio –, esse nome não me é estranho.

– Paulo Severiano? – pergunta Marilda – O que tem ele?

– Você sabe quem é? – pergunta o homem, bastante interessado em se lembrar.

– É o nome de batismo do Palô.

– Pois é isso. É o nome do Palô. Como não me lembrei? Mas por que será que Sotero está à procura dele?

– Ele perguntou por Palô? – indaga Marilda, curiosa.

– Afinal de contas, você sabe quem é esse Sotero, Marilda?

– Não, e estou aqui por esse motivo. Só sei que ele está hospedado na pensão de seu Antonio, que fica bem em frente de casa e fiquei curiosa porque ele não me pareceu um desses viajantes que estão sempre por aqui. Ele não lhe disse mais nada?

– Apenas que é um empresário de São Paulo e que está à procura de Palô, quer dizer, do Paulo Severiano.

– Mas o que será que ele quer com Palô?

– Com certeza, não o conhece.

– Bem, vou atrás de Sotero e lhe dizer que sabemos quem é Paulo Severiano.

– Vá, sim, Bráulio, e não se esqueça de descobrir qual o interesse dele por Palô.

– Que curiosidade, hein? – brinca o dono do bar, dirigindo-se à esposa.

– E vá me dizer que também não quer saber...

Bráulio se limita a lhe sorrir e sai, apressado. E nem precisa andar muito para avistar Sotero, que ainda se encontra a umas três quadras de distância, tendo em vista estar caminhando devagar.

Assim que Bráulio alcança o estranho, o chama, ofegante pelo esforço em alcançá-lo.

– Senhor Sotero!

O homem volta-se e sorri ao ver o novo amigo.

– Pode me tratar apenas por Sotero, Bráulio.

– Ah, sim. Sabe, Sotero, lembrei-me de Paulo Severiano. Na verdade, foi uma amiga de minha esposa que chegou ao bar, assim que você saiu, quem me disse.

– Que bom! – exclama.

– Na verdade, o apelido dele é Palô.

– Pois é esse mesmo. Como fui me esquecer?

– Você o conheceu?

– Não, nunca o vi.

E apesar da grande curiosidade, Bráulio não tem coragem de perguntar o porquê de ele estar à procura de Palô.

– Sabe onde posso encontrá-lo? – pergunta Sotero.

– Sei. Ele vive com sua mãe, dona Maria José.

– Sim... e... ele vive bem?

– Creio que sim. Você sabe que ele não é normal, quer dizer, tem algumas deficiências mentais.

– Sei disso.

– Você deseja que eu o leve até ele? Neste horário, deve estar trabalhando na limpeza da praça.

– Não precisa se preocupar com isso, mesmo porque, não pretendo vê-lo agora. Se puder me fornecer o endereço...

– É aqui perto. Venha comigo até aquela esquina. Vou lhe mostrar.

Os dois, então, caminham por duas quadras, sobem à direita e, na esquina, Bráulio lhe aponta uma casa.

– É ali naquela casa pobre, pintada de verde. Não quer ir lá, agora? – insiste o homem, com esperança de que Sotero mude de ideia. Afinal de contas, a curiosidade o domina. Gostaria muito de saber o que aquele estranho deseja com Palô.

– Ouvi dizer que amanhã haverá uma quermesse na praça principal. Talvez eu o encontre por lá, não?

– Sim. Pode ser. Estarei lá e, se quiser, o levo até ele, ou até a casa dele.

26. A QUERMESSE

NO DIA SEGUINTE, Sotero chega à praça, por volta das sete horas da noite, onde, defronte à igreja, várias barracas se encontram montadas e o povo já toma conta do local. São barracas características de uma quermesse de cidade do interior, onde se vendem comidas, doces, jogos com argolas, pescaria e outras atrações em troca de prêmios e até um jogo com bolas, que as pessoas atiram a fim de derrubar o maior número de latas.

Música alegre e festiva é ouvida através de alto-falantes dispostos ao redor da quermesse, através do quais, de tempos em tempos, ecoa a voz de um locutor de uma rádio local, estimulando os presentes a gastarem nas barracas, pois o evento é beneficente.

Sotero percorre lentamente a quermesse, procurando localizar Palô. Mesmo sem nunca tê-lo visto, sente que irá identificá-lo.

— Seu Sotero, o senhor nos honra com a sua presença.

– Boa noite, dona Anita. Bonita festa. Há muito tempo não vou a uma quermesse.

– O senhor irá gostar muito, principalmente dos comestíveis – alardeia a mulher. – Oh, me desculpe, esta é minha amiga Marilda e seu marido César – completa, apontando o casal.

– Muito prazer, dona Marilda. Muito prazer em conhecê-lo, senhor César.

O casal nem bem acaba de cumprimentá-lo, chega Bráulio.

– Boa noite, Sotero. Já foi apresentado aos amigos aqui? – pergunta, indicando o casal.

– Já, sim.

– E, então, já conseguiu encontrar-se com Palô? Eu o vi, há pouco, aqui na praça.

– Ainda não, Bráulio, mas não faltará oportunidade.

– Posso procurá-lo para você.

– Não há necessidade, meu amigo, mesmo porque, não gostaria de importuná-lo durante esta festa tão bonita.

– O senhor quer que ele o benza? – pergunta Marilda.

– É... realmente, estou precisando de um bom benzedor. Bem, vou dar uma volta por aí. Não gosto de ficar parado.

– Veja, seu Sotero. Aquele ali é o Palô – diz Anita, apontando com o dedo.

– Quer que eu o chame? – insiste Bráulio.

– Muito obrigado, Bráulio. No momento oportuno, eu falo com ele.

– Você é quem sabe – diz o homem, mais uma vez vendo frustrada a sua intenção de saber o que um homem tão distinto e elegante deseja.

E Sotero se afasta, dá uma longa volta e passa por Palô, examinando-o bem e procurando guardar sua fisionomia.Vai até o outro lado, com a intenção de se afastar de Bráulio, Anita, Marilda e César. De onde está, dá para observar Palô que, andando e olhando as barracas, acaba por se aproximar dele.

De repente, para em frente da que vende bolo de milho verde. Olha para o pequeno cartaz com o preço, tira alguns trocados do bolso, olha novamente para o cartaz e volta a olhar para o dinheiro.

A poucos metros, Sotero nota que Palô tenta fazer uns cálculos, olhando novamente para o cartaz, depois para o dinheiro e tentando fazer uma conta, utilizando-se dos dedos da mão direita. O homem dirige-se, então, à barraca e compra dois pedaços de bolo, que são servidos embrulhados em papel. Para à frente de Palô e diz para si mesmo, mas com voz audível, na intenção de que ele o ouça.

— Por que comprei dois? Só vou conseguir comer um.

E vendo que Palô está olhando para ele, lhe estende um dos pedaços.

— Pegue um para você.

— Palô compra.

— Não precisa comprar. Eu lhe dou este. Comprei dois, mas só vou conseguir comer um.

— Palô paga o bolo para o senhor.

— Não precisa me pagar. É um presente.

— Mãe fala para não aceitar presente.

— Então, vou lhe pedir um favor.

— Favor Palô faz.

— Preciso que você me ajude a comer um destes pedaços.

O rapaz pensa um pouco, com a cabeça abaixada, até que chega a uma conclusão:

– Palô ajuda.

E, dizendo isso, apanha o pedaço de bolo.

– Vou sentar para comer o bolo.

– Oh, sim. Então, vamos nos sentar naquele banco ali. Posso me sentar com você?

– Pode, senhor.

E os dois caminham até o banco indicado por Sotero, que o escolhe longe das vistas de Bráulio que, no momento, se encontra sentado com os outros, em mesas espalhadas ao redor de uma barraca de pastéis.

E Sotero pode ver como Palô é querido na cidade e o alcance de suas benzeduras, através das pessoas que passam em frente ao banco em que se encontram sentados.

– Boa noite, Palô.

– Boa noite.

– Boa noite, Palô. Claudinha ficou ótima do pulso.

Palô, na maioria das vezes, se limita apenas a cumprimentar com um aceno da mão direita e um balançar curto de cabeça, horizontalmente, em sinal de que nada havia feito de mais.

297

– Palô, o Luiz Vitor está dormindo como um anjo – diz uma senhora com um garotinho de uns três anos de idade.

– Palô fica feliz.

– Me diga uma coisa, Palô: era, mesmo, encosto, como me disseram?

Palô sorri e passa a mão na cabeça da criança, respondendo:

– Luiz Vitor está feliz agora.

A mulher olha para Sotero e lhe sussurra:

– Ele não fala o que é.

Sotero apenas lhe sorri.

– Oi, Lurdinha, está gostando da festa? – pergunta outra senhora à mãe de Luiz Vitor – Oi, Palô! Veja!

E, dizendo isso, gira o tronco para os dois lados para lhe mostrar que consegue fazer aquele movimento sem problema.

– Não dói mais, Palô. E voltei a dormir. Deus lhe pague, Palô – agradece, comovida. E, olhando para Sotero, achando que ele é amigo do benzedor, lhe diz:

– Somente Deus pode lhe pagar por isto. Primeiro, porque não há dinheiro no mundo que pague o que ele me proporcionou e, em segundo lugar, porque ele faz questão de não cobrar nada pelo bem que faz. O senhor não é daqui, não?

– Não, senhora. Estou só de passagem.

– Pois o senhor não faz ideia do que Palô já fez para todo este povo. As suas benzeduras já estão ficando famosas até nas cidades vizinhas. O senhor deve estar aqui com ele, porque está necessitando, não é?

– Isso mesmo. E venho de longe.

– E não é só benzedura que ele faz, não. Olha este menino – diz, mostrando Luiz Vitor. – É filho da minha amiga aqui. Já fazia mais de uma semana que ele não dormia. Só chorava e seu médico não conseguia descobrir o porquê. Pois ele mesmo, o doutor Alexandre, aconselhou sua mãe a levá-lo para o Palô dar uma olhada. Palô preferiu ir até a casa dela e pediu para ficar com o menino no quarto, brincando com os brinquedos. Conta para o homem, Denise.

– Conto, sim. Pois Palô ficou sentado no chão com o Luiz Vitor, brincando com os brinquedos e eu fiquei na sala, sentada no sofá, vendo os dois brincarem. Não estava acreditando que ele iria resolver o problema do meu filho, até que percebi que

Palô, que eu pensava estar falando com o menino, na verdade, pelas palavras, pude perceber que ele falava era com alguma outra pessoa que eu não via. Olhe, senhor, até me arrepio – diz a mulher, mostrando os pelos eriçados dos braços. – Apurei os ouvidos, mas não conseguia entender direito o que ele falava. Só pude compreender quando ele disse algo assim, no seu jeito característico de falar: – Agora, vai com eles. Melhor para você. Faz isso. Deus abençoa. – E, depois, deu uma espécie de passe no meu filho e foi embora. A partir daquela noite, ele voltou a dormir.

– Ele já chegou a curar alguma doença mais grave? – pergunta Sotero à mulher.

– Ele benze muito bem garganta – responde Denise. – Não é, Lurdinha?

– Garganta, torcicolo, mau olhado, e espanta encosto.

Nessa hora, Palô, que se mantivera calado, se pronuncia:

– Palô não espanta. Palô ajuda Espírito sofrido. Não é encosto. O Espírito precisa de ajuda.

– É, ele diz que os Espíritos é que precisam de ajuda. Não entendo muito bem dessas coisas.

– E doença mais grave? – insiste Sotero.

– Uma vez... os médicos dizem que não foi ele, mas tenho certeza. Palô já curou até câncer.

– Espírito cura. Palô não cura.

– Ele diz que é um Espírito que cura através dele.

– Entendo...

– Só não cura quando é melhor para o doente – diz Palô.

– O que ele quer dizer? – pergunta Sotero.

– Pelo que entendo – responde a mulher –, de acordo com os espíritas, nem sempre a cura é o melhor para a evolução da pessoa. Dizem que, muitas vezes, e mesmo na maioria das vezes, a doença é necessária.

– É... – concorda Sotero. – Não fosse assim, todos seriam curados, não é?

– É o que penso também.

– Muitas vezes, doença no corpo é bom para o Espírito.

– E quando a cura espiritual é boa? – pergunta Sotero, não sabendo se Palô saberia responder. Mas ele responde, depois de engolir o pedaço de bolo que estava mastigando:

– Deus é quem sabe.

– Tem lógica.

As mulheres se despedem e mais pessoas cumprimentam Palô, sempre com uma palavra amiga, na maioria das vezes, de agradecimento por uma benzedura ou pelos conselhos, o que faz Sotero achar estranho. Conselhos de Palô? Mas ele nem parece saber se exprimir direito. E num desses agradecimentos, não se contém e pergunta a um homem:

– Que conselho Palô lhe deu, senhor? Perdoe minha curiosidade.

– Eu lhe digo. Gosto de falar nisso.

E o homem senta-se num banco vazio, bem próximo e ao lado de Sotero.

– Uma noite fui à casa de Palô para que ele benzesse meu pulso esquerdo, pois meu relógio havia provocado uma alergia na pele. Não sei se o senhor sabe, mas as pessoas costumam procurá-lo à noite em sua casa, pois ele trabalha o dia todo na limpeza das praças.

– Sei...

– Pois é, cheguei lá e depois de aguardar um pouco, pois estava atendendo uma criança com dor de garganta, eu lhe mostrei o pulso e lhe disse que já fazia dois dias que eu não podia mais colocar o relógio. Palô, então, pegou minha mão, olhou para meu pulso, colocou a sua mão direita sobre ele, a uma pequena distância, rezou o seu Pai Nosso, girou a cabeça um pouco para o lado, como se estivesse ouvindo alguém falar com ele, e nós imaginamos que ele ouve Espíritos, e me disse, mais ou menos assim: Palô benzeu. Vai sarar, mas o senhor tem que ficar sem relógio até o Natal. Aí, sara tudo.

O homem faz alguns segundos de silêncio, como se estivesse pensando como continuar e diz:

— E eu pensei: faltam oito meses para o Natal, mas fiz o que ele pediu. E passou o Natal, o Ano Novo, o Carnaval e já nem me lembrava mais do relógio, quando, um dia, ao abrir uma gaveta, o vi.

— E o seu pulso sarou?

— Sarou em uma semana, mas ele havia dito que precisava ficar sem usar o relógio até o Natal...

— Entendo.

— Então, à noite, fui até sua casa e lhe perguntei: E agora, Palô, posso voltar a usar o relógio?

— E ele?

— Ele me perguntou se eu havia sentido falta do relógio.

– E o senhor...?

– Eu lhe respondi que não, pois, aposentado que era, ou estava em casa ou aqui na praça, conversando com os amigos. Em casa, tenho relógio na sala e na cozinha e, aqui, olhe lá.

Sotero olhou na direção apontada e viu enorme relógio na torre da igreja.

– E Palô me disse que, então, eu estava curado. O senhor está entendendo o que aconteceu?

– Estou imaginando.

– Pois ele me falou, ainda, obviamente no seu linguajar, e parecendo de novo ouvir alguém, que a maioria dos problemas das pessoas são mais fáceis de resolver do que elas imaginam. Que se o relógio estava me prejudicando e eu não precisava mais dele, que o esquecesse. Pode parecer algo muito simples, mas o senhor sabe que a minha vida mudou completamente, depois desse dia? A partir de então, comecei a analisar melhor os problemas que me incomodavam.

– E os resolveu todos? – pergunta Sotero.

– Não.

– Não?

– Na verdade, não eram problemas.

– O senhor tem toda a razão, pois nós criamos muitas dificuldades para nós mesmos, principalmente através de necessidades que não existem ou de coisas que, simplesmente, não nos fazem falta.

– Esse foi apenas um tipo de conselho dado por ele, mas já deu muitos outros para muitas pessoas que só precisavam ouvir algumas verdades para se modificarem e viverem melhor.

Nesse momento, olham para Palô que, parecendo não os estar ouvindo, tinha se levantado do banco e divertia-se, vendo um garoto atirar bolas em latas.

✳ ✳ ✳

Quando o homem se despede, Sotero se aproxima.

– Quer jogar, Palô?

Com um largo sorriso, ele responde:

– Não. Só fico vendo. Gosto mais.

– Diga-me uma coisa, Palô: você está tão feliz aqui nesta quermesse, mas não participa de nada. Imagino que nem dinheiro tinha para comprar o pedaço de bolo. Por que está tão feliz?

Palô pensa um pouco e responde:

– Palô fica feliz vendo gente feliz. Fico feliz com a felicidade dos outros.

Realmente, Palô se diverte mais vendo os outros se divertirem, felizes. E, no caso do jogo das latas, não quer participar por causa de sua ótima pontaria, o que viria a prejudicar a finalidade da quermesse que é a de angariar fundos para auxiliar os mais necessitados, com o dinheiro arrecadado.

E enquanto uma sombra, na verdade, o Espírito Creptus, invisível aos olhos dos presentes, se afasta, cabisbaixo, Sotero, admirado com a resposta de Palô, arrisca uma outra pergunta:

– Como você faz para curar?

Palô pensa por alguns segundos e, sorrindo, lhe responde:

– Fico triste quando vejo pessoa triste. E fico feliz quando vejo pessoa feliz.

– E de onde vem a força para você curar?

E Sotero fica emocionado com a resposta:

– Querer ver pessoa feliz é a força e o remédio de Palô.

– Você não quer nada para você, Palô?

– Palô não precisa de nada. Só da alegria das pessoas.

Sotero olha para o relógio e, verificando que ainda eram oito horas da noite, diz que gostaria de conversar com a sua mãe.

– Senhor quer falar com minha mãe?

– Isso mesmo. Eu preciso falar um pouco com dona Maria José. Ela poderia conversar comigo agora? Será que ela está acordada?

– Mamãe está acordada. Só dorme com Palô em casa. Eu levo o senhor. É perto.

Diz isso e faz um sinal para que Sotero o acompanhe. Apesar de sua dificuldade em raciocinar rapidamente, Palô caminha, tentando perceber se está agindo certo em levar aquele desconhecido para falar com sua mãe. Também gostaria de ficar na quermesse. E, nesse dilema, reza um Pai Nosso, que é o que sempre faz, não somente para benzer, mas, também, quando se encontra com alguma dificuldade em decidir alguma coisa. E bem no momento em que chegam no portãozinho de sua casa, vê o pai que o acalma, dizendo para ele que pode deixar o homem conversar com sua mãe e que pode voltar para a festa.

– Por favor, entra – convida.

– É você, Palô? – pergunta Maria José de dentro da residência.

– É Palô, mamãe. Tem visita.

– Visita? – pergunta, já na porta da cozinha e, preocupada pelo fato de o filho estar entrando com um estranho. Está acostumada que as pessoas procurem por ele à noite, mas nunca o ouviu chamar alguém de "visita".

– O senhor pode falar. Papai disse que pode e Palô volta para a festa.

– Não tenha medo, dona Maria José e, se a senhora preferir, podemos conversar lá na calçada. E, desculpe-me. Ainda não a cumprimentei. Boa noite.

– Boa noite, mas quem é o senhor?

– Meu nome é Sotero. A senhora não me conhece, mas vai saber.

– Por favor, queira entrar – convida, fazendo-o sentar-se na sala.

* * *

Após duas horas, aproximadamente, Palô retorna da quermesse e Sotero e sua mãe ainda conversam na sala da casa.

— Sente-se aqui, meu filho. Mamãe tem algo importante a lhe dizer.

— Fala, mamãe.

— Este senhor gostaria que você viajasse com ele.

— Viajar?

Palô tinha alguma ideia do que seria viajar, pois já viajara quando criança para ir ao velório da avó e, também, de que existiam outras cidades bem maiores, como a que Arlete havia ido para estudar, pois ela lhe falara muito sobre isso, antes de partir.

— Sim, filho. Este homem vai levá-lo de automóvel até uma cidade grande para você ver a sua esposa que se encontra muito doente, na verdade, à espera da morte. E ele está pedindo para que você vá lá para fazer uma benzedura.

— Palô volta?

— Volta, Palô – diz Sotero. – Eu mesmo o trarei de volta.

— Mamãe vai junto com você.

Ao ouvir essas palavras, Palô abre largo sorriso, sentindo-se feliz por viajar. E com sua mãe.

— Palô vai.

– Muito bem – diz, aliviado, o homem. – Gostou da quermesse, Palô?

– Palô gostou. Agora, vou dormir.

– Vai, filho. Vou conversar mais um pouco com o senhor Sotero.

Palô sai e Sotero diz a Maria José:

– Minha senhora, seu filho me parece ser uma pessoa bastante feliz. Inclusive, fiquei impressionado e até emocionado quando lhe perguntei por que estava tão alegre na quermesse, sem estar usufruindo de nada ali.

– E eu já sei a resposta dele, seu Sotero. Com certeza, Palô lhe respondeu que se sente feliz vendo as pessoas felizes.

– Pois foi isso mesmo.

– Ele sempre foi assim. Sua maior alegria é ver os outros alegres e sua maior tristeza é ver a tristeza estampada no rosto das pessoas. E sempre, sempre, procura uma maneira de resolver os problemas do próximo, mesmo com todas as suas limitações. E as pessoas da cidade sabem disso e procuram atendê-lo quando lhes pede que ajudem esta ou aquela criatura, em situação difícil.

– E o que a senhora pensa a respeito?

– Não somente penso, como tenho plena convicção de que Palô descobriu o segredo da felicidade.

E os dois ficam por alguns segundos em silêncio até que Maria José lhe pergunta:

– Quando iremos, seu Sotero?

– Podemos ir sábado, depois de amanhã. No domingo à noite, já estarão de volta. Seu filho tem que trabalhar na segunda-feira, não?

– Tem, sim.

– A senhora vai falar para ele?

– Não sei. Talvez, quando lá chegarmos. Não quero que ele fique muito ansioso.

– Então, estamos combinados, dona Maria José. Nem sei como lhe agradecer.

27. Final

É SÁBADO E SAEM os três, de madrugada, para chegarem cedo a São Paulo, cidade onde Sotero está morando atualmente.

Palô se encontra extasiado com tantos prédios e tantos automóveis, enquanto Maria José luta contra a ansiedade que lhe invade a alma. Ainda não teve coragem e nem sabe como dizer a Palô.

Cerca de meia hora depois, o automóvel estaciona na garagem de luxuoso prédio de apartamentos. Sobem por um elevador. Palô arregala os olhos para a mãe.

– Estamos subindo, Palô – diz Sotero.

– Subindo.

A porta se abre e entram num saguão com quatro portas. Sotero abre uma delas e entram em ampla e ricamente decorada sala de visitas, onde são recebidos por uma governanta.

– Por favor, aguardem um momento – pede Sotero, saindo por um corredor do apartamento.

Alguns minutos se passam e ele volta, acompanhado por uma enfermeira.

– Venha, Palô. A senhora falou a ele?

– Não.

– Tudo bem. Por favor, dona Maria José, venha conosco – pede, abrindo-lhes, no fim do corredor, a porta de um espaçoso quarto, onde uma senhora se encontra deitada em larga cama, com o corpo apoiado em vários travesseiros, a fim de se manter quase sentada. Um fino tubo sai de seu braço esquerdo em direção a um frasco de soro, pendurado num suporte. Uma enfermeira lhe faz companhia.

O quarto se encontra em penumbra.

Quando a doente vê Palô, seus olhos brilham, enquanto ele vai se aproximando, lentamente. Acompanham-no seu pai, o Espírito Feliciano e mais outras entidades benfeitoras a lhe dar a necessária sustentação nesse momento.

– Me perdoe, Palô. Me perdoe e me abençoe. Preciso de seu perdão e de sua bênção neste momento.

Sotero e Maria José não conseguem conter a emoção e abundantes lágrimas lhes afloram aos olhos.

Palô se aproxima mais e quase não acredita no que vê, dizendo:

— Palô também pede perdão e abençoa, com a ajuda de papai e Feliciano.

A mulher o olha com suave emoção a lhe percorrer a alma e lágrimas lhe banham a face pálida.

— Como você está bonito, Palô. Nem parece que já tem cinquenta e quatro anos de idade. Está tão belo...

— Arlete...

— Chegue aqui perto, Rafael, e permita que Palô o benza também.

E com todos à volta da cama, Palô fala, muito feliz:

— Arlete vai sarar. Deus ajuda boa menina.

Nesse momento, Orlando localiza no ambiente um Espírito bastante conhecido que, de certa forma, tenta não ser visto, e lhe dirige a palavra:

— O que faz aqui, Creptus?

– Você sabe muito bem o que estou fazendo neste quarto.

– E agora?

Furtivas lágrimas fazem brilhar aqueles olhos avermelhados que, como num passe de mágica, se clareiam ao contato do abençoado líquido do sentimento.

– Quero ver minha mãe feliz e desejo que meu desafeto de tantos séculos lhe dê algum tempo a mais de vida, através de seu amor.

– Mas você dizia que era tudo uma farsa. Que Palô estava apenas se escondendo por trás da alienação, por medo das consequências e de sua vingança. E nós sabemos o porquê de você ter sido o escolhido para comandar esse trabalho, a mando dos inimigos de Jesus.

– Você tem razão. Fui escolhido porque queria vingar-me daquele que, em longínquo passado, tanto sofrimento causou à minha querida mãe, hoje, Arlete. Mas depois de todos esses anos, comecei a perceber que Palô não estava se escondendo de nada e que, realmente, havia se transformado numa criatura feliz, apesar de toda a sua deficiência e do bem sincero que vinha realizando. Percebi que era um Espírito que havia encontrado a felicidade que há muito tempo desconheço.

— E viu nele, também, a grande possibilidade de curar sua mãe do passado.

— Sim.

— E agora?

Creptus abaixa o olhar e, entristecido, responde:

— Só me resta voltar, espontaneamente, para os abismos e receber o meu castigo.

— Você não precisa fazer isso, Creptus.

— Como? Serei implacavelmente perseguido.

— Não, se tiver a real vontade de encontrar a verdadeira felicidade como a que Palô encontrou.

— Não mereço...

— Deus somente deseja a nossa felicidade e sempre nos oferece, pela vida, todas as oportunidades de recomeço. Se quiser, poderá nos acompanhar, mas, antes, fale com aqueles que você obrigou a fazer o mal e lhes ofereça também esta oportunidade.

— Estão todos me esperando, próximo a este local.

– Fale com eles.

– Podemos mesmo, Orfius?

– Hoje sou Orlando.

– Podemos, Orlando?

– Devem. Vá, agora; convença-os e retornem.

– Irei com ele – diz um dos Espíritos encarregados da proteção daquele ambiente e que permitiu a presença de Creptus, já prevendo algum proveitoso desfecho.

E nesse momento de muita alegria e esperança, Orlando e Creptus ainda ouvem Palô repetir:

– Arlete vai sarar. Deus ajuda boa menina.

Nas bênçãos da reencarnação,
mais uma vitória do amor puro e verdadeiro.

FIM

Conheça mais sobre a
doutrina Espírita
através das obras de
Allan Kardec

www.ideeditora.com.br

ideeditora